D1664624

PAPiER
FRESSERCHEN
DiE BÜCHER MiT DEM DRACHEN

Impressum:

Alle weiteren Personen und Handlungen des Buches sind frei erfunden. Ähnlichkeiten mit lebenden oder verstorbenen Personen sind zufällig und nicht beabsichtigt.

Besuchen Sie uns im Internet:
www.papierfresserchen.de

© 2018 – Papierfresserchens MTM-Verlag
Oberer Schrannenplatz 2, D- 88131 Lindau
Telefon: 08382/7159086
info@papierfresserchen.de
Alle Rechte vorbehalten.
Erstauflage 2018

Herstellung: Redaktions- und Literaturbüro MTM
www.literaturredaktion.de
Titelbild: © Oleksandr Dibrova - Adobe Stock lizensiert

Gedruckt in der EU
ISBN: 978-3-86196-610-4 Taschenbuch

Das Lachen des Schmetterlings

Kurzgeschichten für Kinder

Martina Meier (Hrsg.)

Vorwort

Seit mehr als zehn Jahren schreibt Papierfresserchens MTM-Verlag Anthologieprojekte für erwachsene Autorinnen und Autoren aus. Hunderte Geschichten haben wir so zusammengetragen, die im Laufe der Jahre die Herzen von Kindern und Erwachsenen erobert haben.

Besondere Meilensteine dabei waren sicherlich unsere *Wünsch-dich-ins-Wunder-Weihnachtsland-Anthologien*, in dieser Reihe sind bereits zehn Bücher erschienen, sowie unsere Osterbücher, von denen es immerhin bereits vier Ausgaben gibt.

Mein persönliches Lieblingsbuch aus dem Reigen unserer Anthologie-Veröffentlichungen aber ist das Buch *Nassbert, der Wannenwichtel* – Geschichten in und aus der Badewanne. Und auch das Werk *Auf den Kern* gebracht – Erzählungen und Gedichte rund um der Deutschen liebstes Obst, den Apfel, hat auch Jahre nach seiner Veröffentlichung für mich noch immer einen ganz besonderen Reiz.

Unsere Anthologiebände aber sind seit Jahren mehr als nur unterhaltsame Lektüre. Erst vor wenigen Tagen wurde eine Studie veröffentlicht, in der die mangelnde Lesekompetenz von Viertklässlern angesprochen wurde. Viele unserer Kurzgeschichten-Bände richten sich genau an diese Zielgruppe – Kinder im Vorschul- und Grundschulalter – und werden oft genug von den beteiligten Autorinnen und Autoren auch in Schulen und Kindergärten vorgelesen, sind somit stets ein aktiver Beitrag zum Thema Leseförderung.

Wir haben so viele positive Reaktionen auf unsere Ausschreibungen erhalten, dass wir sie auch in Zukunft anbieten werden.

Informationen über aktuelle Ausschreibungen gibt es auf unserer Internetseite www.papierfresserchen.de. Dort ist gerade ein neues Buchprojekt hinterlegt worden, das sich mit dem Tod eines geliebten Tieres beschäftigen wird. Sie sehen, wir gehen immer wieder auch „schwierige" Themen an – Themen, die weit weg vom Mainstream und den Glitzer- und Prinzessinnen-Büchern anderer Verlage sind, Themen, die oft genug bei anderen Verlagen kein Gehör finden.

Nicht zuletzt sind aus unseren Anthologieprojekten im Laufe der Jahre aber auch echte Talente hervorgegangen – Autorinnen und Autoren jedes Alters, die später selbst ein eigenes Buch geschrieben und mit diesen Büchern wiederum junge Leser in ihren Bann gezogen haben. Autorinnen und Autoren, die mit uns ihre ersten Schritte in der literarischen Welt gewagt haben.

Nicht zuletzt wurde das Papierfresserchen bereits 2009 für seine Arbeit mit jungen Autoren von der Bundesregierung und der deutschen Wirtschaft im Rahmen der Initiative Land der Ideen ausgezeichnet. Die Urkunde, unterzeichnet vom ehemaligen Bundespräsidenten Horst Köhler, ziert noch heute die Verlagsredaktion. Darauf sind wir mächtig stolz.

An dieser Stelle möchten wir vom Verlag uns bei allen bedanken, die über die vielen Jahre zum Gelingen der Anthologieprojekte beigetragen haben. Wir freuen uns auch in Zukunft auf tolle Märchen, Kurzgeschichten, Gedichte und Bilder aus der Feder begabter und mutiger Autorinnen und Autoren.

In diesem Sinne wünschen wir allen Leserinnen und Lesern dieses Bandes viel Freude mit einzigartigen und ganz besonderen Geschichten, die uns jeden Tag vor Augen führen, wie viele talentierte Menschen darauf warten, ihre kreative Chance zu erhalten.

Martina Meier
Verlegerin

Juliane Barth

Spuk in der Scheune

Die beiden Freunde Ben und Sam verbringen ihre Ferien auf einem Bauernhof. An einem Wochenende wollen sie unbedingt in der Scheune des Bauernhofes übernachten. Der Bauer weist den beiden Jungen einen Schlafplatz auf dem Heuboden zu. Über Nacht lässt er für sie eine kleine, alte, verdreckte Stalllampe schwach brennen. Ermüdet von den Highlights des Tages (dem anstrengenden Stallmisten, aufregenden Ponyreiten sowie urigen Grillabend) schlafen Benny und Sammy bald ein.

Mitten in der unheimlichen Dunkelheit und Stille der Nacht wird Sam plötzlich von seinem Freund wachgerüttelt. Ben deutet lautlos mit seinem rechten ausgestreckten Arm und seinem Zeigefinger auf die große Scheunentür, die sich bewegt. Die Jungen starren gespannt dorthin. Langsam geht die Tür auf. Sie spüren einen Luftzug und Ben beginnt, am ganzen Körper zu zittern.

Sam bekommt einen Schweißausbruch. „Was ist das?", fragt er erschrocken und erschaudert.

Ben flüstert ängstlich: „Wir dürfen nicht laut sprechen."

Auf einmal heult und pfeift es. Dann knallt die schwere Tür zu. Bens und Sams Herzen schlagen immer schneller.

„Hier spukt es!", ruft Ben entsetzt.

Die beiden Jungen verkriechen und verstecken sich verängstigt in ihren Schlafsäcken. Doch dann wird Sam klar, dass es der Wind gewesen sein muss. Er überredet Ben, aus dem Schlafsack herauszukommen. Sie wollen nun die große und schwere Scheunentür fest zumachen.

Als sie vom Heuboden über die Leiter hinabsteigen wollen, bewegt sich unten in der Scheune plötzlich der Überrest eines alten Heuballens. Es raschelt und klappert etwas.

Ben schreit auf: „Lass uns wegrennen! Ich halte das nicht mehr aus! Das ist ein Gespenst!"

Voller Angst vor dem Gespenst klettern die beiden Buben die Holzleiter zum Heuboden wieder hoch. Sam ist vor Ben oben. Als Ben die drittletzte Sprosse erreicht, bricht sie. Sam schafft es gerade noch so, seinen Freund festzuhalten. Als auch Ben endlich oben ist, fällt die Leiter um.

„Das ist ja wirklich ein Gespenst. Irgendein Fluch muss über dieser Scheune liegen", spricht Sam.

„Jetzt können wir gar nicht mehr weg von hier", entgegnet der stark verängstigte und zitternde Ben mit gebrochener Stimme.

Die Jungs schlüpfen wieder in ihre Schlafsäcke und verkriechen sich darin. Ihnen läuft ein eiskalter Schauer den Rücken hinunter. „Hoffentlich entdeckt uns das Gespenst nicht", denkt Ben.

Auf einmal läuft etwas über Sam hinweg. Eigentlich ist es nur eine harmlose schwarze Spinne. Aber Sam ist vollends außer sich. „Hilfe! Hilfe!", schreit er. „Etwas ist über mich gelaufen!"

Vor lauter Panik springen Benny und Sammy mit einem Satz aus ihren Schlafsäcken heraus und beginnen loszurennen. Dann fällt ihnen jedoch ein, dass die Leiter umgefallen ist ... Vor Schreck wären sie fast vom Heuboden gefallen. Benny und Sammy schreien, so laut sie nur können.

Plötzlich geht die Scheunentür zum wiederholten Mal auf. Diesmal bekommen die beiden Buben solch eine Angst, dass ihnen beinah ihre Herzen aus der Brust springen. Als das Licht einer großen, alten Lampe angeht, sehen sie, dass der Bauer in der Tür steht. Erleichtert atmen Benny und Sammy auf. Auf einen Schlag weicht ihre ganze Angst. Der vermeintliche Spuk in der Scheune scheint endlich vorbei zu sein.

Aber als der Bauer gerade die Leiter wieder aufstellen will, bewegt sich auf einmal unten in der Gerümpelecke der Scheune wieder der alte Heuballen. Sofort geht der Bauer dorthin und hebt den Ballen hoch. Siehe da! Es sind drei kleine Mäuschen, die unter dem Heuballen spielen. Nun wissen alle, wer das Gespenst gewesen ist ... und fangen an zu lachen.

Juliane Barth, Pseudonym: Sacrydecs, Jg. 1982, lebt im Südwesten Deutschlands. Schreibt als Hobby seit jeher sehr gerne, insbesondere Sachtexte und Lyrik. Widmet sich bevorzugt gesellschaftskritischen Themen. Veröffentlichungen in Anthologien. www.sacrydecs.de.to

Bettina Schneider

Herbststurm

Es weht ein kräftiger Wind. Emma, erhitzt vom Kuchenbacken, steht mit geröteten Wangen auf der Veranda des Hauses und betrachtet den Garten. Im letzten Licht des Tages wiegen sich die Bäume am Ende der Rasenfläche wie tanzende Wesen. Ihre harmonischen Bewegungen werden immer wieder durchbrochen von Böen, die den Blätterwald nach allen Seiten auseinanderstieben lassen. Die Luft schmeckt nach Frühling, kein bisschen nach der Jahreszeit, die vor der Tür steht. Den Kopf in den Nacken gelegt, verfolgt Emma die dunklen Wolken, die über sie hinwegjagen, zwischendurch den Blick auf den kugelrunden Mond und den noch hellen Himmel freigeben. Ein bisschen weniger Wind, denkt sie, wäre besser für ihr Unterfangen.

Selbst die Scharen von Krähen, die sonst den benachbarten Kirchturm umkreisen, haben sich bei dem Wetter versteckt. Ihr kleiner Bruder Max ängstigt sich vor den schwarzen Vögeln. Leider hat er vor vielen Dingen Angst. Aber seit sie vor einem halben Jahr aus Berlin aufs Land gezogen sind, haben sich seine Angstgefühle extrem verstärkt.

Ein schönes Haus mit einem riesigen Grundstück haben sie hier. Ziergarten, Gemüsebeete, eine Streuobstwiese, alte Bäume, ein richtiger kleiner Wald gehören dazu. Und die Wildnis. Das ist der Teil hinter dem Wäldchen: Hier wächst das Gras hüfthoch, im Sommer schmuggeln sich Mohn, Kornblumen und andere Feldblumen hinein. Holunder, dessen Blüten im Juni ihren süßen Duft verströmten und sich mittlerweile zu Fliederbeeren verwandelt haben, hat eine ganze Ecke des Gartens erobert.

In den Augen der Erwachsenen ein Paradies für Kinder. Emma hat dort im Frühjahr in einer Pfütze Kaulquappen gefunden, gestern ist ihr eine Igelfamilie über den Weg gelaufen, manchmal sieht sie den Fuchs.

Aber in der Wildnis gibt es auch den anderen Streifen, der an die Mauer grenzt. Dahinter liegt der Kirchhof, genau genommen ist es der Friedhof mit seinen alten, windschiefen Grabsteinen. Vielleicht ist das der Grund, weswegen einer der Vorbesitzer ihres Hauses dort, in unmittelbarer Nähe zu den toten Menschen, seine Hunde beerdigt hat. Zwölf kleine Grabsteine erinnern an Rex, Lilli und die anderen. Diese Tatsache hat ihrem Haus den Beinamen *Gräberhaus* eingebracht.

Kugelrunde Augen, aus denen pure Angst sprach, bekam Max, als er zum ersten Mal davon hörte. Da die Kinder in der Schule schnell begriffen, dass der Neue, der Außenseiter, ein Angsthase ist, liefern sie ihm tagtäglich Gruselgeschichten über die Gräber. Max lässt sich von seinen Ängsten gefangen nehmen, geht nicht mehr alleine in den Garten und ist häufig bedrückt.

In jeder Vollmondnacht erwachen die toten Hunde zum Leben und spuken, haben die Kinder Max eingebläut. Heute will Emma Max etwas klarmachen – sie will es ihm zeigen: Die Erzählungen sind nichts als blanker Unsinn.

Sie schreckt zusammen. Über ihr ist ein Fensterladen gegen die Hauswand geknallt. Er hat sich aus seiner Befestigung gerissen, sieht Emma. Der Sturm wird stärker, in der Luft liegt ein gewaltiges Rauschen. Im Haus fällt eine Tür mit lautem Krachen ins Schloss, der Wind heult, der Fensterladen schlägt unrhythmisch gegen die Wand. Emma eilt ins Haus zur Treppe, nimmt zwei Stufen auf einmal. Im elterlichen Schlafzimmer öffnet sie das Fenster, um den Fensterladen zu befestigen. Wie eine Flutwelle stemmt der Sturm sich ihr entgegen.

Seelenruhig liegt Max in seinem Zimmer auf dem Bett, die großen Kopfhörer über die Ohren gezogen, die Welt ausgesperrt. Mit den schwarzen Kopfhörern erinnert er Emma an Micky Maus. Micky Maus im Batman-Schlafanzug.

Max' entspannter Gesichtsausdruck verschwindet, als er Emma bemerkt. Schlagartig beginnt seine Unterlippe zu zittern, als bräche er jeden Moment in Tränen aus. Aber auf seinen Gefühlszustand kann Emma jetzt keine Rücksicht nehmen. Heute Abend bietet sich die einmalige Gelegenheit: Es ist Vollmond und ihre Eltern, die von Emmas Mutproben für Max nichts halten, sind nicht zu Hause.

Äußerst widerwillig steigt Max vom Bett, zieht die Kopfhörer ab. „Müssen wir das wirklich machen?", fragt er sogleich wieder wie schon unzählige Male zuvor. Emma nickt energisch.

Max beginnt sich im Schneckentempo anzuziehen. Als nur noch die Socken fehlen, läuft Emma in ihr Zimmer. Alles ist vorbereitet. Sie holt zwei Taschenlampen und ihre Jacke mit dem Pfefferspray. Sie ist für alles gerüstet.

Fünf Minuten später stehen sie im Freien auf der Terrasse. Inzwischen ist es nahezu dunkel. „Dann los!", gibt Emma den Startschuss und knipst die Taschenlampe an. Max tut es ihr nach.

Langsam gehen sie über den kurz geschorenen Rasen. Max lässt den Lichtstrahl seiner Lampe wie ein Leuchtturmsignal um sie herumkreisen. Emma erzählt ihm von seiner Belohnung, dem warmen Apfelkuchen, der in der Küche wartet. Sie erinnert sich mit ihm an die warmen Frühsommertage, als sie zusammen eine Höhle im hinteren Teil des Gartens gebaut und mit einer Piratenflagge geschmückt haben. Das war, bevor diese Erzählungen anfingen, als Max noch alleine durch den Garten stromerte, über dem Spiel die Zeit vergaß.

Am Ende des Ziergartens halten sie einen Moment inne. Bis zu den Gräbern sind es achtzig Schritte, hat Emma mehrere Male gezählt, erst unter den Bäumen hindurch, danach durch die Wildnis. Sie macht den ersten Schritt. Einen Atemzug lang zögert Max, dann stapft er hinter ihr her. Emma hört ihn im Laub rascheln. Der Sturm hat die ersten Blätter von den Bäumen gezerrt. Buntes Laub tanzt um ihre Beine, wirbelt von allen Seiten – Emma fühlt sich wie in einer Schneekugel aus Laub.

Noch achtundsechzig Schritte.

An windstillen Tagen bietet das dichte Blätterdach die Geborgenheit einer Höhle. Heute fahren die Böen wie heranrollende Wellen durch die Bäume, verwandeln das sonst anheimelnde Rauschen der Blätter in ein wildes Toben. Eicheln, Bucheckern, Kastanien klackern wie Geschosse herab.

Max packt Emmas Hand. Noch einundfünfzig Schritte.

Überall bewegt sich etwas, die Nacht ist lebendig wie nie. Sind es Tiere, die durch die aufgewühlte Natur huschen?

Im Schein der Taschenlampen tasten Emma und Max sich vorwärts, die Lichtkegel fangen die ersten Grabsteine ein. Einer der Steine ist umgestürzt. Aufgeregt deutet Max darauf. Emmas Hand umschließt seine fester. In Max kocht das Adrenalin bis unter die Haarwurzeln hoch. Zusammen nähern sie sich dem Stein. Max fuhrwerkt mit der Taschenlampe herum, als trüge er ein unsichtbares Gefecht aus.

Sehr genau leuchtet Emma die Umgebung des Grabsteins ab, Max schaut ihr zu. Nichts, kein Wesen, nicht der kleinste Wurm, geschweige denn ein Hund lässt sich blicken. Aber sie sehen, wer hier war. Ein Maulwurf. Das erkennt auch Max, dessen Finger sich jetzt nicht mehr um ihre Hand verkrampfen. Einen Steinwurf von ihnen entfernt knattert die verwaiste Piratenfahne im Wind. Sie haben genug gesehen, beschließt Emma und will den Rückzug antreten.

Urplötzlich registriert sie ein Geräusch, das sich von dem Rauschen des Sturmes abhebt. Ein leises Winseln, fast ein Jammern. Sehr schnell steigt es zu einem Geheul an, das sich nicht einordnen lässt. Irgendwie nach gequälter Kreatur klingt.

Oder wie nicht von dieser Welt.

Emma merkt, wie es ihr kalt den Rücken hinabläuft.

Mit schreckgeweiteten Augen starrt Max Emma an, seine Hände liegen wie Schraubstöcke um ihre Handgelenke. Beide stehen sie zu Salzsäulen erstarrt da, lauschen diesem gräulichen Ton, der jetzt in wechselnder Lautstärke zu ihnen dringt.

Sekunden später gewinnt Emmas Verstand wieder die Oberhand. Sie schleift Max in die Richtung, aus der das Jaulen kommt. Nur auf Zehenspitzen kann sie über die Friedhofsmauer spähen. Sie leuchtet mit der Taschenlampe. Mit einem Schreckensschrei stürzt eine Handvoll Kinder davon, zwischen sich die schwanzwedelnde Dogge von Familie Schmidt, direkt in die Arme einer Gestalt, die sich nun aus der Dunkelheit löst.

Emma schwenkt mit der Taschenlampe dorthin. Die Person wehrt den Lichtstrahl mit der Hand ab, trotzdem kann Emma erkennen, wer es ist: Der Junge, der ab und zu in der Bäckerei arbeitet. Einer der wenigen aus dem Dorf, der sie freundlich grüßt und anlächelt.

Als Nächstes bekommt sie mit, wie er mit den Kindern schimpft. Mit hängenden Köpfen lassen sie die Standpauke über sich ergehen. Offenbar genießt der Ältere Respekt.

Das muss sie Max zeigen. Emma hebt ihren Bruder hoch, damit er über die Mauer sehen kann. Dessen Augen weiten sich, dieses Mal ist es die Überraschung, die ihm ins Gesicht geschrieben steht. Erleichterung gesellt sich hinzu, ein Funken Mut, denn Max traut sich, die versammelte kleine Gruppe mit der Taschenlampe anzuleuchten.

Als Emma ihn wieder herunterlässt und er fest auf dem Boden steht, schlingt er die Arme um ihre Taille und schmiegt sich an sie. Emma hält ihren kleinen Bruder einfach nur fest.

„Gut, dass wir das gemacht haben", hört sie ihn in ihre Jacke murmeln.

„Emma!" Ein Ruf dringt von der anderen Seite der Mauer zu ihr. Sie lässt die Taschenlampe einmal aufblitzen, nur um sich zu vergewissern, die Stimme gehört zu dem Jungen aus der Bäckerei. „Es tut mir leid. Die Jungs haben nichts als Dummheiten im Kopf. Sie wollten Max erschrecken, aber sie werden sich morgen bei ihm entschuldigen."

Unzählige Gedanken schießen Emma gleichzeitig durch den Kopf: Sie weiß nicht, wie er heißt. Vielleicht kann er Max eine Brücke bauen. Er ist nett. Woher kennt er ihre Namen? Und der nächste Gedanke plumpst in ihr Hirn: „Das ist die Gelegenheit!"

„Ich habe Kuchen gebacken. Wollt ihr zu uns kommen?", sprudelt es aus Emma heraus, ehe sie der Mut verlässt. Mit klopfendem Herzen blickt sie über die Mauer, ohne etwas in der Dunkelheit erkennen zu können.

„Gute Idee", hört sie nach einer gefühlten Ewigkeit. Das Lächeln, das seine Mundwinkel umspielt und das sich ihr von seinen Begrüßungen eingeprägt hat, kann sie spüren. „Ich heiße übrigens Philipp." Philipp!

Emma nimmt Max an die Hand. Während sie zurück zum Haus spazieren, hüpft er neben ihr her, lässt bald ihre Hand los und rennt mit weit ausgebreiteten Armen durch den Herbststurm.

Bettina Schneider, 1968 in Berlin geboren, verheiratet, zwei Kinder und ein Hund, Studium der Betriebswirtschaftslehre, im Anschluss zehn abwechslungsreiche Jahre im Rechnungswesen in der Privatwirtschaft, heute Freiraum für kreative Tätigkeit. Sie schreibt Kurzgeschichten und Erzählungen, einige davon sind veröffentlicht. Hobbys: Lesen, Schreiben, Tagebuchschreiben, Spaziergänge und Joggen.

Anna Wissenbach

Das Geheimnis des Bergmonsters

„Kiara, hast du alles gepackt?"

Kiki, die nur von ihrer Mutter Kiara genannt wurde, sah ein fünftes Mal ihren Koffer durch. „Ja, es ist alles drin!", schrie sie die Treppe hinunter.

Ihre Familie wollte nämlich in den Urlaub und drehte deshalb vollkommen durch. Ihre Mutter war hysterisch und hatte Angst, etwas zu vergessen. Ihr Vater sah sich tausendmal die Strecke an, die sie fahren wollten. Sie hatten zwar ein Navi, aber dem traute er nicht über den Weg. Ihrem kleinen Bruder Kai war das alles egal. Er las wie immer sein Micky-Maus-Heft und überlegte sich wahrscheinlich schon die nächsten Streiche, die er seiner Schwester spielen wollte. Das war eines seiner größten Hobbys.

Was er ihr nicht alles schon angetan hatte. Das Schlimmste war bis jetzt gewesen, als er Farbe in ihr Shampoo gemischt und sie mit lilafarbenen Haaren in die Schule gemusst hatte. Das war kein schöner Tag für Kiki gewesen.

Kiki freute sich vor allem auf den Urlaub, weil sie mit den Beckers fuhren. Die Beckers waren eine befreundete Familie, allerdings mit zwei Jungs. Jonas war der jüngere, acht Jahre wie Kikis kleiner Bruder. Sein älterer Bruder war Christian und der war Kikis bester Freund. Solange sie denken konnte, hatten Christian und sie alles zusammen gemacht. Und jetzt fuhren sie sogar gemeinsam in den Urlaub.

Nur war der Ort nicht unbedingt das, was sie wollten. Wandern in den Bergen war nicht unbedingt die Aktivität, die die beiden sich ausgesucht hätten. Nur waren ihre Eltern unheimlich begeistert von der Idee.

Endlich ging es los. Sie setzten sich ins Auto und Kiki steckte sich direkt ihre Kopfhörer in die Ohren. Ihren kleinen Bruder wollte sie nicht ständig quasseln hören.

Sie schmiedete Pläne, was sie mit Christian alles anstellen könnte. Sie würde ihn erst in dem gemeinsamen Ferienhaus treffen. Tja, was sollte man schon in den Bergen anstellen? Gab es da noch was außer Wiesen und Hügeln?

„So, alle aussteigen!"

Kiki erschrak. Sie war eingeschlafen und wurde von den lauten Worten ihres übermotivierten Vaters aufgeweckt.

Mit verschlafenen Augen sah sie aus dem Autofenster und entdeckte ein kleines Haus. Es sah eigentlich gar nicht schlecht aus. Neben dem Haus war ein kleiner Spielplatz und von dem führte ein Weg in den Wald. Alles in allem ganz nett.

Kiki stieg aus und im selben Moment drückte Christian die Tür vom Haus auf und schrie begeistert ihren Namen. Die Beckers waren offenbar vor ihnen angekommen.

Am Abend grillten sie alle miteinander und Michael, Christians Vater, begann am Lagerfeuer, eine Geschichte zu erzählen.

„Kennt ihr die Geschichte vom Bergmonster?" Alle schüttelten den Kopf.

Kiki liebte seine Geschichten, die hatte sie schon immer gemocht.

„Nun gut, also, die geht so: Ein verliebtes Pärchen machte eines Abends einen gemeinsamen Spaziergang ..."

„Ihhh", schrie Jonas. „Ich hasse Liebesgeschichten."

Michael schnaubte. „Nun hör doch erst mal zu. Also, sie tätigten einen gemeinsamen Spaziergang. Während sie liefen, kamen sie an einen See und setzten sich auf den Steg. Auf einmal hörten sie ein Rascheln. Erst dachten sie, es wäre nur ein kleines Tier, aber dann wurde das Rascheln lauter. Es musste ein großes Tier sein. Sie bekamen es beide mit der Angst zu tun und beschlossen, auf schnellstem Weg umzukehren. Doch immer wieder hörten sie dieses Rascheln. Sie wagten es nicht, sich umzuschauen. Irgendwann wurde der Mann zu neugierig und wandte sich doch um. Er sah ein Monster, doppelt so groß wie er selbst, und es bestand aus purem Stein. Jetzt sah auch die Frau hinter sich und sog scharf die Luft ein. Das Paar schaute einander an, drehte sich um und rannte weiter. Plötzlich stolperte die Frau und dann ..."

Kai fing an zu kichern. „War ja klar, immer diese Weiber."

Jetzt schnaubte auch Kiki. „Oh Mann, Kai, du machst die ganze Spannung kaputt. Du bist so nervig."

Michael stand auf und setzte sich zwischen die beiden Streithähne. „So, soll ich jetzt weitererzählen?"

Beide nickten mit rotem Kopf.

„Die Frau stolperte also, dann stellte sich das Steinmonster vor sie hin. Der Mann flehte das Monster an, seine Freundin in Ruhe zu lassen, doch es war zu spät. Die Augen des Ungetüms fingen an zu leuchten und die Frau versteinerte. Der Mann wurde wütend und versuchte, das Monster mit anderen Steinen zu erschlagen. Doch kein Stein war groß genug und das Wesen zerschmetterte einen nach dem anderen. Schließlich gab der Mann auf und rannte weg. Doch das Monster verfolgte ihn weiter. Der Mann wusste, dass er es nicht ansehen durfte, sonst würde auch er zu Stein werden. Doch das Ungetüm trickste ihn aus. Der Mann versteckte sich hinter einem Baum, als er wieder das Rascheln des Monsters hörte. In einer Pfütze sah er das unheimliche Wesen und dessen leuchtende Augen. Doch nun passierte etwas Seltsames. Der Mann wurde nicht zu Stein, sondern er verwandelte sich ebenfalls in ein Steinmonster. Was danach geschah, weiß niemand."

„Cool", sagte Christian und selbst Jonas und Kai waren beeindruckt.

„Schade, dass es so was nicht in Wirklichkeit gibt", überlegte Kiki.

„Woher willst du das wissen?", fragte Michael. „Die Geschichte steht in einem Buch über Sagen und Legenden aus den Bergen. Wer weiß, vielleicht läuft das Steinmonster hier in diesem Wald hinter uns herum."

Jetzt fingen alle an zu lachen und Jonas und Kai spielten die Geschichte nach. Natürlich war Kai das Steinmonster.

Am nächsten Tag fuhren sie gemeinsam mit dem Fahrrad an einen Bergsee. Der war toll, es gab eine kleine Rutsche und einen Felsen, von dem aus man ins Wasser springen konnte. Die Mütter hatten ein riesiges Picknick vorbereitet, es gab von Wassermelone bis hin zum Hähnchenschenkel einfach alles. Da es wirklich warm war, machte es gar nichts aus, dass der See eiskalt war.

Ursprünglich war der Plan gewesen, noch ein kleines Stück zu wandern, aber allen gefiel es dort so gut, dass sie bis zum Abend blieben.

Jonas und Kai taten so, als wäre der See derjenige aus Michaels Geschichte. Die beiden Jungs hatten so einen Spaß bei ihrem Spiel, dass sie alle mit ansteckten. Schließlich waren ihre Väter die Bergmonster und jagten die Kinder. Auch Kiki und Christian ließen sich mitreißen und zum Schluss rannten alle wie wild durch die Gegend. Doch bei ihnen verloren die Bergmonster. Sie wurden von den Kindern gekonnt in den See geschubst.

Als sie spät am Abend bei ihrem Ferienhaus ankamen, schliefen alle direkt ein. Kiki hatte feststellen müssen, dass die Berge bis jetzt gar nicht mal so schlecht waren.

In der Nacht wachte Kiki wegen eines Geräuschs auf. Sie stupste Christian an. „Du, hör mal! Was ist das?"

Christian sah sie verwirrt an und begann zu lauschen. Er fing an zu grinsen und sagte: „Das Bergmonster."

Kiki schlug ihm auf die Schulter. „Hör auf, das ist nicht witzig. Komm, lass uns mal schauen."

Beide stiegen aus ihren Betten und schlichen vor die Tür. Man sah nichts, deshalb gingen sie ein paar Schritte weiter. Und was sie dann entdeckten, hätten sie sich nie vorstellen können. Das konnte doch nicht wahr sein ... das Steinmonster ging am Spielplatz vorbei in Richtung Wald!

Sie mussten hinterher. Heimlich schlichen sie weiter, immer wieder hinter einem Baum in Deckung gehend.

„Du, ich habe eine Idee", meinte Christian. „Wenn man sich in ein Steinmonster verwandelt durch einen Blick auf sein Spiegelbild. Vielleicht verwandelt es selbst sich dadurch ja in einen Menschen zurück." Das hielt Kiki für eine gute Idee.

Sie lockten das Wesen durch Steine, die sie warfen, in Richtung Bergsee. Doch irgendwann wurde das Monster wütend. Kiki und Christian rannten, so schnell sie konnten, und sprangen in das eiskalte Wasser. Das Monster stapfte ihnen hinterher und erblickte prompt sein eigenes Spiegelbild. Es begann zu schreien. Doch was weiter geschah, sahen die Freunde nicht.

Am anderen Ende des Sees verließen sie das Wasser, rannten zu ihrem Haus zurück und legten sich schnell wieder ins Bett.

Am nächsten Morgen waren sich beide nicht sicher, ob sie sich das ganze Geschehen vielleicht nur eingebildet hatten.

Plötzlich klopfte es an der Tür. Kikis Vater stand auf und öffnete sie. Christian und Kiki spitzten die Ohren.

Vor der Tür stand ein Mann, der verwahrlost und verwirrt aussah. „Hallo, es mag merkwürdig klingen, aber glauben Sie mir, ich sage die Wahrheit. Ich war ein Monster und jetzt bin ich wieder ein Mensch."

Kiki und Christian sahen sich geschockt an. Es war also doch kein Traum gewesen ...

Anna Wissenbach *ist gebürtige und vor allem stolze Hessin. Schon in frühen Kindheitstagen fing sie an, sich die wildesten Geschichten auszudenken und niederzuschreiben. Heute hat sie sich ganz dem Fantasy-Genre verschrieben. Ihre erste Kurzgeschichte wird im Frühjahr 2018 veröffentlicht.*

Franziska Bauer

Kathi und die Königin

„Hast du für mich auch einen solchen Hut?", fragte Kathi ihren Opa. Heute durfte sie ihm bei der Honigernte helfen.

„Ja, da, und steck den Saum des Schleiers unter deinem Jackenkragen fest."

Kathi setzte den Strohhut mit der breiten Krempe auf und Opa überprüfte, ob zwischen dem Bienenschleier und dem Jackenausschnitt auch keine Lücke klaffte. Dann nahm er etwas zur Hand, das aussah wie eine Blechdose mit einem schrägen Ausblasrohr. Er tat eine Handvoll Hobelspäne hinein und zündete sie an. Bald quoll Rauch aus dem Rohr des Miniöfchens.

„Wozu ist der Rauch gut?", fragte Kathi.

„Die Bienen glauben, ihre Wohnung brennt, geben Feueralarm und bereiten die Flucht vor. Als Wegzehrung saugen sie sich schnell mit Honig voll. Damit sind sie so beschäftigt, dass sie gar nicht erst auf die Idee kommen, uns zu stechen. Das Ding da heißt übrigens Smoker." Opa betätigte den kleinen Blasebalg der Rauchdose und qualmte ein wenig in die Einfluglöcher seiner Bienenstöcke hinein. „So, wenn ich jetzt den ersten Stock aufmache, kannst du räuchern", sagte Opa und reichte Kathi den Smoker. Die probierte den Blasebalg gleich einmal aus. *Pft, pft, pft,* das machte Spaß!

Opa hatte den Deckel der ersten Bienenbehausung abgenommen. Magazinbeute nannte man das, erklärte Opa, sie bestand aus gefalzten Holzzargen, die aussahen wie Holzkisten ohne Boden und Decke. Man konnte sie aufeinanderstapeln und ineinanderklinken. Drei Stockwerke hatten Opas Bienenbeuten. In jede dieser Zargen waren zehn Honigwaben eingehängt. Das waren rechteckige Holzdinger, die aussahen wie Bilderrahmen, und in diese Rahmen hatten die Bienen ihre Wachswaben gebaut und mit Honig befüllt. An der Oberseite stand der Holzrahmen beidseitig ein Stück vor, damit man ihn in die Zarge einhängen konnte. Opa hob Wabe um Wabe aus der Zarge und schüttelte die Bienen, die auf ihnen herumkrabbelten, ab, zurück in ihren Stock. Die hartnäckigen, die sich nicht abschütteln ließen, kehrte er mit einem schmalen Handbesen von den Waben ab. Die sauberen Waben verstecke er eilig vor den Bienen in einer verschließbaren Transportkiste.

Kathi drückte eifrig den Blasebalg und ließ Rauchwölkchen um Rauchwölkchen aufsteigen. „Gut machst du das", lobte sie Opa.

„Wo ist eigentlich die Königin?", fragte Kathi.

„Im Brutnest, das ist meistens in der untersten Zarge, also im Erdgeschoss des Bienenstocks, den Honig lagern die Bienen darüber. Schauen wir einmal, ob wir sie finden." Und wirklich, auf einer Wabe in der Mitte des Brutnests entdeckte Opa die Königin. Sie war deutlich größer als ihre Arbeiterinnen und trug ein gelbes Plättchen auf dem Rücken. „Heuer ist die Jahresfarbe Gelb. An der Farbe erkennt man, wie alt die Königin ist. Die da ist in diesem Jahr geschlüpft, deswegen habe ich ihr ein gelbes Plättchen aufgeklebt." Neugierig musterte Kathi durch ihren Bienenschleier hindurch die Bienenkönigin. „Herrscherin und Mutter von rund vierzigtausend Bienen. Nur die Königin kann Eier legen, die anderen Bienen tun die Arbeit. Lauter Damen übrigens. Die Männchen heißen Drohnen und sind nur für die Fortpflanzung da, als lebender Genpool sozusagen. Im Herbst werden sie aus dem Stock geworfen, denn im Winter wären sie nur unnütze Fresser."

„Ja, das hat uns die Frau Lehrerin in der Schule auch schon erzählt. Aber eine lebendige Bienenkönigin hat noch niemand aus meiner Klasse gesehen," meine Kathi voller Stolz.

„So, fertig!" Opa schloss die Bienenbeute und karrte mit Kathi die Wabenkiste ins Haus. Jetzt konnte es losgehen mit dem Schleudern und Honigschlecken!

Franziska Bauer, *geboren 1951 in Güssing, wohnhaft in Großhöflein (Nähe Wien), Gymnasiallehrerin im Ruhestand, Tochter und Ehemann, literarisch tätig, schreibt Lyrik, Essays und Kurzgeschichten, veröffentlicht in Zeitschriften und Anthologien, Mitglied der Schreibinitiative beim Literaturhaus Mattersburg. Publikationen und Lesungen nachzulesen unter: www.galeriestudio38.at/Franziska-Bauer.*

Claudia Dvoracek-Iby

Beste Freundin

„Eva, hast du gestern *Tarzan in Gefahr* gesehen?", fragt Manuela.

Wir spazieren durch den lichten, kleinen Eichenwald am Rande unseres Dorfes. Manuela geht zwei Meter vor mir. In ihrer rechten Hand hält sie einen Stock, den sie energisch schwingt und hin und wieder gegen Sträucher und Baumstämme schlägt.

„Ja", antworte ich geistesabwesend, denn in meiner Fantasie bin ich momentan nicht Eva, sondern eine wunderschöne Prinzessin. Dieser Wald hier gehört zu meinem riesigen Reich. Manuela ist mein persönlicher Leibwächter, hält mir den Weg frei und beschützt mich vor Schlangen und Wölfen. Es belustigt mich, dass Manuela nichts von der Rolle weiß, die ich ihr insgeheim zugeteilt habe.

„Und ist dir etwas an Tarzan aufgefallen?", stört Manuela mich schon wieder. Ihre Stimme klingt ungeduldig. „Na? Ob dir etwas aufgefallen ist, will ich wissen."

In so einem Ton redet doch kein Leibwächter mit seiner Prinzessin!

„Nein", sage ich und fühle mich unbehaglich.

„Dann hör mir jetzt gut zu." Manuela bleibt abrupt stehen, dreht sich um und fixiert mich aus blauen Augen. Fast wäre ich gegen sie gerannt. *„Ich* war der Tarzan im Fernsehen!" Triumphierend streckt sie ihr Kinn nach vorne.

„Blödsinn. Du bist doch viel kleiner als der Tarzan."

„Ich bin auf Stelzen gegangen und auf einem Schemel gestanden", sagt sie schnell und blinzelt mich listig an. „Natürlich immer so, dass die Zuseher es nicht erkennen können."

„Ach, Manuela, du bist ein Mädchen, hast blonde Haare ... du bist das Gegenteil von Tarzan!" Ich schüttle den Kopf, gehe an ihr vorbei und weiter den Waldweg entlang.

„Schon etwas von Schminke gehört und von Perücken? Glaub mir, Eva, die können viel, die vom Fernsehen. Sie haben mich so gut geschminkt, dass ich wie Tarzan aussah. Echt, ich schwöre!", läuft sie aufgeregt neben mir her. „Da, schau!" Sie überholt mich, stellt sich mir in den Weg und zieht den rechten Ärmel ihres Pullovers hoch. Ich sehe einen großen blauen Fleck auf ihrem Oberarm. „Hier haben mich die Elfenbeinjäger verletzt, als sie mich gefangen nahmen. Zum Glück hat Chita mich dann befreit." Manuela öffnet weit ihren Mund, legt ihre Hände darum, wirft den Kopf in den Nacken und brüllt: „AAUUAAUUAA! Das war der echte Tarzanschrei. Na, was sagst du jetzt?"

„Du hast Mundgeruch", erwidere ich trocken.

Manuela sieht mich böse an. „Du bist nicht mehr meine beste Freundin", zischt sie, schlägt wütend mit ihrem Stock auf einen Baumstumpf, knapp vorbei an einer Weinbergschnecke, die sich sogleich in ihr Gehäuse zurückzieht. Manuela hält kurz inne und schlägt dann leicht auf das Schneckenhaus ein.

„Aber, Manuela, was machst du da?"

„Komm raus, Schnecke", sagt Manuela streng. „Niemand ist sicher in seinem Haus – auch du nicht." Sie schlägt fester zu. Die Schale splittert. Ich sehe nackte, feuchte Schneckenhaut schimmern.

„Spinnst du?!", rufe ich fassungslos.

„Ah, wegen einer Schnecke regst du dich auf. Aber dass mich die Elfenbeinjäger gestern schwer verletzt haben, das ist dir egal." Manuela schleudert ihren Stock in einen Strauch. „Du bist echt keine Freundin."

Ich kann nichts sagen, meine Kehle ist wie zugeschnürt, ich bin schockiert und traurig. Was ist nur los mit Manuela? Seit einigen Wochen verhält sie sich ganz anders als früher. Von einer Sekunde auf die andere wird sie wütend und ungerecht, dann wieder ist sie ganz still und traurig. Und nie, niemals hätte sie früher einem Tierchen etwas zuleide getan so wie vorhin der Schnecke.

Da biegt plötzlich ein Radfahrer in den Waldweg ein und bremst, als er uns sieht. Es ist Max aus der Klasse über uns, den weder Manuela noch ich leiden können.

„Guten Tag, die Damen", grinst er und wischt sich den Schweiß von der Stirn.

„Auf Wiedersehen, der Herr." Manuela zieht mich am Ärmel. „Komm, Eva, gehen wir."

Doch Max fährt langsam neben uns her, als wir losgehen. „Wie geht es deinem Stiefvater? Hat er sich schon erholt?", fragt er Manuela, die starr geradeaus blickt und schneller geht. „Ich habe ihn nämlich gesehen, weißt du", sagt Max nun im Plauderton an mich gewandt, „gestern Morgen, als ich auf dem Weg zur Schule war."

„Hör sofort auf, sei still!", schreit Manuela mit plötzlich hochrotem Gesicht und schubst Max so fest, dass er beinahe vom Rad fällt.

„Er ist mitten auf dem Gehsteig gelegen. Stockbesoffen ..."

„Halte deinen Mund, du ... sonst ..." Manuela hebt blitzschnell einen großen Stein auf, hält ihn in Wurfposition.

Max schaut Manuela an, den Stein, dann mich. „Such dir besser eine andere Freundin", ruft er mir zu, während er sein Rad wendet und wegfährt. „Die da ist ja echt das Letzte."

Manuela lässt den Stein fallen und brüllt Max nach: „Und du bist das Allerletzte!" Zu mir sagt sie: „Du glaubst doch diesem Lügner nicht." Tränen treten in ihre Augen. Sie wischt sie weg, doch es kommen immer neue.

Sie tut mir leid. Deshalb muss ich auch weinen. „Komm, vergiss es, gehen wir zu mir", sage ich.

Schweigend laufen wir den Waldweg entlang, dann durch die zwei kurzen Gassen bis zu meinem Elternhaus. Meine Mama arbeitet gerade im Garten, sie winkt uns zu und lächelt, als sie uns kommen sieht. Ich stürze mich in ihre Arme.

„Meine Kleine." Sie drückt mich zärtlich an sich und gibt mir einen Kuss auf die Stirn. Dann schaut sie Manuela an, die blass und verweint aussieht. „Manuela, schön, dass du zu uns kommst", sagt Mama. Sie streicht ihr sanft übers Haar.

Manuela wischt sich über die Augen.

Mama geht vor ihr in die Hocke, nimmt sie an den Händen. „Liebes", sagt sie, „ich weiß nicht, was passiert ist, sehe aber, dass du sehr traurig bist. Du weißt, du kannst jederzeit mit mir reden. Über alles."

Ich liebe Mama in diesem Moment so sehr, dass es in meinem Bauch ganz warm wird und kribbelt.

Manuela nickt, schaut zu Boden und schweigt.

Mama geht mit uns ins Haus hinein. Wir essen gemeinsam Kuchen, trinken Saft und spielen dann mit meiner Katze Mira. Später sitzen Manuela und ich in meinem Zimmer und malen. Ich male eine wunderschöne Prinzessin, die alleine in ihrem gepflegten Schlossgarten unter einem Baum steht. Manuela lässt auf ihrem Blatt Papier eine dunkelrote Sonne in einem wilden tiefblauen Meer versinken.

„Hast du gestern nach Tarzan *Superman in Not* gesehen?", fragt Manuela plötzlich.

„Superman? Kam gestern gar nicht."

„Doch, um acht Uhr. Ich weiß es ganz sicher, denn *ich* war Superman."

Ich sage nichts, tauche den Pinsel ins Wasser, dann in die schwarze Deckfarbe und beginne, zum Schutze der Prinzessin eine hohe Mauer um den königlichen Garten zu malen.

„Du glaubst mir nicht! Dabei bin ich auch über euer Haus geflogen. Ich habe sogar an dein Fenster geklopft, aber du hast schon geschlafen. Über das ganze Dorf bin ich geflogen. Ich habe Saltos geübt, hoch oben, und dann habe ich mich an der Kirchturmspitze verletzt. Es hat sehr wehgetan. Da, schau her, wenn du mir nicht glaubst!" Sie springt auf, wendet mir den Rücken zu und zieht ihren Pullover bis zu ihren Schulterblättern hoch.

Erschrocken erkenne ich blaue Flecken und rote Striemen auf Manuelas Haut.

„Und, glaubst du mir jetzt?" Manuela zieht den Pullover wieder hinunter, dreht sich zu mir um.

„Manuela, wer hat das getan?"

„Du bist so gemein!" Meiner Freundin schießen Tränen in die Augen. „Ich habe dir doch vorhin erzählt, wie es passiert ist. Nie glaubst du mir. Du bist nicht mehr meine beste Freundin!" Sie greift fahrig nach ihrem Zeichenblatt, zerknüllt es und wirft es auf mich.

Abwehrend fange ich es mit der linken Hand. Das Blau des Meeres rinnt vermischt mit dem Rot der Sonne über meinen Handrücken.

Manuela wendet sich ab, geht zum Fenster und starrt hinaus. Ich sehe auf meine Zeichnung. Sie gefällt mir nicht. Die Prinzessin wirkt einsam hinter der dunklen Mauer. Ich zerknülle das Papier. Und plötzlich weiß ich ganz genau, was ich tun muss.

„Doch, Manuela", sage ich und gehe zu ihr ans Fenster. „Doch, ich bin deine beste Freundin. Und Freundinnen sind immer füreinander da. Bitte, reden wir mit Mama. Sie kann uns helfen, das weiß ich."

Manuela sagt lange nichts, dann fragt sie mit ganz leiser Stimme: „Meinst du wirklich?"

„Ganz bestimmt", sage ich. „Komm!"

Ich nehme sie an der Hand, wir gehen zu Mama. Und dann erzählt Manuela. Sie erzählt, dass ihr Stiefvater in letzter Zeit oft zu viel Alkohol tränke und dass er dann sie und ihre Mama schlüge, dass ihre Mama sich von ihm trennen wolle, es aber noch nicht geschafft habe. Und sie sagt zu mir, dass sie das mit dem Tarzan und dem Superman nur erfunden habe, weil sie sich geschämt hätte für ihren Stiefvater. Und dass es ihr leid tue wegen der Schnecke und weil sie in den letzten Wochen so oft gemein zu mir gewesen sei.

Ich umarme sie und sage ihr, dass ich das alles verstehe. Und Mama erklärt, dass sie sehr stolz wäre auf uns beide. Auf Manuela, weil sie so mutig sei und uns alles erzählt habe, und auf mich, weil ich mich so verhalten hätte, wie sich eine echte Freundin verhalten müsse.

Mama telefoniert anschließend lange mit Manuelas Mama. Wir dürfen inzwischen einen lustigen Zeichentrickfilm ansehen, essen Chips und streicheln Mira, die mit dem hinteren Teil ihres Katzenkörpers auf meinem Schoß und mit ihrer vorderen Hälfte auf Manuelas Schoß liegt und schnurrt.

Mama setzt sich nach dem Telefonat zu uns und sagt, dass Manuelas Mama sich nun endgültig von Manuelas Stiefvater trennen würde. Die Polizei und der Frauenschutz würden sie dabei unterstützen. Manuelas Mama würde noch heute Abend zu uns kommen. Erstens, weil sie Manuela sehen und in die Arme schließen wolle, und zweitens, weil sie Kleidung, Spielzeug und Schulsachen von Manuela vorbeibrächte, denn, wenn wir beide damit einverstanden seien, würde Manuela so lange bei uns wohnen, bis alles geklärt, der Stiefvater ausgezogen und alle seine Sachen aus Manuelas Haus geräumt wären.

Manuela strahlt. Ich freue mich. Und ob wir damit einverstanden sind! Wir fallen zuerst Mama um den Hals und dann umarmen Manuela und ich einander und Manuela flüstert mir ins Ohr: „Eva, du bist meine aller-, aller-, allerbeste Freundin."

Claudia Dvoracek-Iby, *geboren 1968, verheiratet, zwei Kinder, wohnhaft in Wien. Veröffentlichte bereits mehrere Kurzgeschichten in diversen Anthologien.*

Julia Elflein

Blaue Augen

Anna ist neun Jahre alt, hat lange braune Haare und immer Flausen im Kopf. Sie liebt es, ihrem älteren Bruder Niklas Streiche zu spielen. Es ist ihr egal, ob sie erwischt wird und von ihren Eltern Stubenarrest bekommt. Sie lebt ganz nach dem Motto: *Alles geben für den perfekten Streich.* Wäre sie eine Comicfigur, dann würde sie eine Mischung aus Bart und Lisa Simpson perfekt beschreiben. Klug, witzig und unheimlich frech.

In der Nachbarschaft ist Anna bekannt wie ein bunter Hund. Einerseits mögen die Nachbarn sie, andererseits sind sie von den andauernden Streichen genervt. Denn jeder weiß, dass es Anna war. Ja, es war Anna, die alle Gartenzwerge von der alten Frau Merk im Garten von Herrn Laus platziert hat. Das war vielleicht ein Spaß, als Anna das erschrockene Gesicht der Alten gesehen hatte.

Ebenfalls auf ihr Streichekonto ging der verlorene Hund Bugs von den Müllers drei Häuser weiter. Anna hatte ihn mit einem saftigen Stück Schinken zu sich gelockt und ist dann mit ihm den ganzen Mittag im Park gewesen zum Spielen.

„Selbst schuld", dachte Anna, „hätten die Müllers mich einfach mit Bugs spielen lassen, als ich gefragt habe."

Der Einzige, der nicht dauernd mit ihr schimpft oder an ihr rumnörgelt, ist ihr Opa. Er ist schon alt, bestimmt schon so 120 Jahre, da ist sich Anna sicher. Seine Haare sind schneeweiß und hauchdünn. Er trägt eine so große Brille auf der knolligen Nase, dass Anna jede Ader in seinen trüben Augen sehen kann. Manchmal nennt sie ihn auch Froschopa. Doch ihn mag sie am allerliebsten. Er macht ebenfalls immer Späße und genau wie bei ihr schimpfen ihre Eltern dann auch mit ihm. Anna ist fest davon überzeugt, dass sie ihren Humor vom Froschopa hat, denn sie geht nicht zum Lachen in den Keller wie der Rest ihrer Familie.

Frau Klein ist Annas Klassenlehrerin und auch sie scheint keinen Spaß zu verstehen. Vor den letzten Sommerferien hat Anna mit Kreide an die Tafel geschrieben: *Frau Klein ganz groß!* Dazu malte sie die Lehrerin neben einem Ameisenhaufen.

Die ganze Klasse hatte sich vor Lachen den Bauch gehalten und der Deutschunterricht fiel aus, weil der Direktor ins Klassenzimmer kam und sich diese „Sauerei" – laut Frau Klein – anschauen musste. Dann folgte eine riesige Standpauke. Keiner hatte Anna verpetzt, aber so wie der Direktor sie ansah, vermutete er schon, dass sie es gewesen war.

Anna ist der Meinung, nur wer oft und laut lacht, lebt lange und glücklich bis ins hohe Alter, so wie eben ihr Opa.

Heute fängt die Schule nach den viel zu kurzen Sommerferien wieder an. Anna geht gerne in die Schule, aber noch lieber hat sie frei. Sie ist in allen Fächern bis auf Mathe und Englisch eigentlich ganz gut und mit ihren Mitschülern versteht sie sich auch bestens.

Als sie in die Klasse kommt (wie immer ganz knapp vor Schulbeginn), sieht sie eine neue Schülerin neben Tina sitzen. Gerne hätte sich Anna gleich mit ihr unterhalten, um alles über die Neue zu erfahren, aber da kommt schon Frau Klein ins Klassenzimmer und alle müssen sich setzen und ruhig sein.

Anna kann sich gar nicht konzentrieren, die Worte von Frau Klein wandern einfach durch ihre Ohren hindurch. „Wie die Neue wohl heißt? Woher kommt sie nur? Wird sie mich mögen?" Viele Fragen und keine Antworten vor der großen Pause. Die Zeit vergeht überhaupt nicht und Anna schaut immer wieder rüber zu der Neuen.

Doch dann – *ding, dong* – ertönt endlich die Pausenglocke. Anna geht sofort zu der Neuen hinüber und erfährt, dass sie Nina heißt, zehn Jahre alt und gerade umgezogen ist. Sie ist ein Einzelkind, mag Mathe auch nicht und hasst genau wie Anna Rosenkohl. Sie reden die ganze Pause über und im Handumdrehen klingelt es schon wieder und die Pause ist vorüber.

Während des Unterrichts lässt ihr Nina einen Zettel zukommen mit ihrer Adresse und Telefonnummer. „Super", denkt sich Anna, es kommt ihr vor, als ob sie Nina schon ewig kennt. Sie mögen dieselben Sachen und hassen auch das Gleiche. Das Allerbeste jedoch ist, dass Nina über jeden ihrer Witze gelacht hat und selbst auch ein paar echt lustige auf Lager hatte.

Nach zwei weiteren Wochen sind die Mädchen unzertrennlich. Sie sitzen in der Schule nebeneinander, treffen sich nach den Hausaufgaben und telefonieren vor dem Zubettgehen. Der Spruch *ein Herz und eine Seele* passt perfekt zu ihnen.

Nach einigen weiteren Wochen haben die beiden sogar schon drei Nachbarn von Nina Streiche gespielt. Bei dem einen waren die Mülltonnen wie von Zauberhand auf die andere Straßenseite gewandert. Bei Familie Listig haben sie mit einem Filzstift den Namen am Briefkasten zu *Lustig* geändert. Und den letzten Streich haben sie dem alten Herrn Neff gespiet. Sie klingelten und versteckten sich, sobald er die Tür öffnete und dabei ganz verdutzt dreinblickte.

Ja, sie sind wirklich die allerbesten Freundinnen.

Nina hat vorgeschlagen, beim Schulausflug in drei Wochen einen riesigen Streich zu spielen. Die ganze Klasse fährt in ein Naturschutzgebiet und hält mit Ferngläsern Ausschau nach seltenen Vogelarten.

Anna besorgt im Laufe der Wochen Stück für Stück die Utensilien, die sie für dieses Vorhaben benötigen. Sie teilen diese am Tag des Ausflugs wie besprochen auf ihre Rucksäcke auf. Keiner hat irgendwas bemerkt oder auch nur den Hauch einer Ahnung.

Um 7.45 Uhr fährt der Bus zum Naturschutzgebiet los. Klara sitzt ganz vorne neben der Klassenlehrerin und stimmt laut das Lied *Die Vogelhochzeit* an. Die ganze Klasse stimmt mit ein und es herrscht eine ausgelassene Stimmung während der ganzen Busfahrt.

Kaum angekommen müssen sich alle in einem Kreis aufstellen, und wie vorab von Frau Klein erklärt, soll sich jeder gleich ein Fernglas aussuchen und in Zweierteams Ausschau halten. Außerdem bekommt jeder noch ein Blatt mit den heimischen Vogelarten und soll die gesehenen markieren und zählen.

Plötzlich muss Anna ganz arg husten. Es wird immer schlimmer und alle stehen aufgeregt um sie herum. Sie klopfen auf ihren Rücken und heben ihre Arme hoch, doch erst als Anna einen kurzen Blick zur nickenden Nina wirft, hört der Hustenanfall wieder auf. Frau Klein erkundigt sich besorgt, ob es Anna wieder gut gehe, und diese nickt fröhlich. Alles läuft genau nach Plan.

Jeder nimmt sich nun ein Fernglas und macht sich auf Erkundungstour. Nach einer Stunde treffen sich alle wieder zur Auswertung.

Doch als alle Schüler und Frau Klein im Kreis stehen, können sich Anna und Nina vor Lachen nur noch krümmen. Sie haben die Ferngläser an der Umrandung für die Augen mit blauer Farbe angemalt. Dafür war das Ablenkungsmanöver mit dem gefälschten Husten gedacht. In der Zeit hat niemand darauf geachtet, dass Nina mit einem Pinsel und blauer Farbe die Ferngläser präpariert hat. Nun stehen 25 Schüler und Frau Klein mit dick blau umrandeten Augen im Kreis herum.

Die Mädchen bekommen es plötzlich mit der Angst zu tun, ob sie nicht doch zu weit gegangen sind. Doch da fängt jemand an zu lachen. Erst etwas zögerlich, dann immer lauter, die Stimme gehört Frau Klein. Alle Schüler stimmen in das Gelächter mit ein.

Frau Klein schreibt etwas auf ihr Notizblatt und liest es laut vor. „26 ganz seltene Vögel entdeckt, besonderes Merkmal: blau umrandete Augen."

Alle lachen und niemand ist wütend. Scheint so, als hätte die Lehrerin doch Humor, denkt Anna zufrieden.

Julia Elflein *lebt in Friedrichshafen.*

Katja Büscher

Nur eine Minute

Wenn man mit dem Mädchen, das man liebt, zwei Stunden zusammensitzt, denkt man, es ist nur eine Minute; wenn man aber nur eine Minute auf einem heißen Ofen sitzt, denkt man, es sind zwei Stunden.
Albert Einstein

Irgendwo in Afrika gibt es einen Ort, an dem sich die verschiedensten Arten von Tieren einmal im Jahr treffen, um einmal als Freunde miteinander zu reden und zu diskutieren. Während dieses Treffens ist der friedliche Umgang miteinander ein absolutes Muss. Doch sobald das Treffen beendet ist, gilt in der Tierwelt wieder das Motto: *Fressen und gefressen werden*.

Jeweils ein Tier hat bei diesem Treffen den Vorsitz und darf das Gesprächsthema vorgeben. Heute ist es die Antilope, die den Vorsitz innehat. Vorweg hat sie alle Anwesenden per Brief, manche auch per E-Mail oder SMS, über das heutige Thema informiert. In diesem Jahr lautet es: *Keine Zeit*.

In den letzten Jahren gab es zunehmend Beschwerden darüber, dass die Zeit der Tiere immer knapper bemessen ist und von daher das Treffen zügiger durchgeführt werden sollte. Deshalb ist nun erstmalig die Redezeit pro Tier auf eine Minute begrenzt.

Nach einer kurzen Begrüßung geht die Antilope zunächst die Anwesenheitsliste durch. Eine gewisse Bürokratie muss halt auch in der Tierwelt sein.

„Zunächst einmal ist die Schnecke entschuldigt, denn sie schafft es dieses Jahr nicht rechtzeitig. Elefant?"

„Anwesend."

„Giraffe?"

„Anwesend."

„L...l...löwe?"

„Anwesend."

„Chamäleon?"

„Anwesend."

Woher kommt die Stimme? Niemand ist zu sehen. Doch die Antilope fährt fort: „Ameise?"

„Anwesend."

„Riesenschildkröte?"

„Anwesend."

„Faultier? Hallo? Faultier?"

„Entschuldigung, ich habe geschlafen, aber anwesend."

„Eintagsfliege?"

„Anwesend. Können wir uns bitte beeilen, ich habe nicht viel Zeit."

„Nie habt ihr Eintagsfliegen Zeit. Ihr seid alte Zeitfresser, immer seid ihr im Stress. Warum nimmst du dir nicht einfach mehr Zeit, wenn wir uns doch ohnehin nur einmal im Jahr alle hier treffen? So lange dauert unsere Zusammenkunft zum einen doch gar nicht und außerdem solltest du bei dem heutigen Thema mal ganz genau zuhören", beschwert sich die Antilope. „Hiermit sind wir schon mittendrin im Thema. Keine Zeit."

Die Eintagsfliege schluckt betroffen und schaut traurig zu den anderen Tieren empor. „Wisst ihr, ich lebe doch nur selten länger als ein bis zwei Tage und deshalb kann ich hier nicht so lange sitzen. Ich habe noch so viel in meinem Leben zu erledigen. Ein Tag hat 1440 Minuten und diese 1440 Minuten, mit viel Glück gepaart und bei guter Gesundheit, entsprechen meinem gesamten Leben. Von daher sollte jede Minute perfekt genutzt werden. Wisst ihr eigentlich, wie schnell eine Minute vergehen kann?"

Die übrigen Tiere schauen sich an – natürlich weiß jeder von ihnen, wie lange eine Minute dauert.

Die Antilope übernimmt wieder das Wort. „Es tut mir leid, Eintagsfliege. Eine Minute in deinem Leben ist sehr, sehr wertvoll. Beispielsweise ist sie wertvoller als eine Minute im langen Leben eines Elefanten."

„Wie bitte?!", protestiert der Elefant leicht erbost. „Meinst du etwa, eine meiner Lebensminuten sei weniger wert? Eine Minute dauert doch 60 Sekunden, oder? Ganz egal, bei welchem Tier eine Minute gemessen wird. Unbeantwortet bleibt lediglich die Frage, wie die 60 Sekunden von jedem Einzelnen empfunden werden."

Die übrigen Tiere schauen sich an – natürlich weiß jeder von ihnen, wie lange eine Minute dauert, aber wie lange wird sie von jedem empfunden? Darauf hat niemand eine Antwort. Keines der Tiere hat je darüber nachgedacht, wie es eine Minute empfindet, und so schauen sie sich einander an, aber diesmal ratlos.

Die Antilope beginnt wieder zu reden. „Die Frage also lautet, ob bei jedem Tier eine Minute subjektiv gleich lange dauert. Weißt du, Herr Elefant, ich bin immer auf der Flucht. Es gibt so viele Tiere in der Savanne, die ich zu meinen Feinden zählen muss." Dabei riskiert sie einen Seitenblick auf den Löwen. „Ich bin immer im Stress. Und du, du bist die Ruhe selbst und lebst normalerweise auch viel länger als wir Antilopen. Deshalb müsstest du viele Minuten haben, die du richtig genießen kannst. Außerdem stirbst du auch nicht so einen grausamen Tod, wie er uns oft widerfährt. Meistens ist die letzte Minute unseres Lebens zugleich die längste."

Erneut schluckt die Eintagsfliege betroffen. Auch wenn sie deutlich kürzer leben als Antilopen, einen grausamen Tod finden Eintagsfliegen eher selten. Sie sterben meist eines natürlichen Todes, indem sie einschlafen und einfach nicht mehr aufwachen.

Aus der hinteren Reihe meldet sich eine hohe Stimme zu Wort. Es ist die Ameise. „Ich lebe zwar länger als die Eintagsfliege, aber ich muss mein Leben lang extrem hart arbeiten. Mir bleibt keine Minute zum Ausruhen, geschweige denn zum Träumen. Im Gegenteil, ich bin recht froh, wenn meine Lebensminuten abgelaufen sind."

Die Tiere schauen sich tief geschockt an. „Wie kann man sich denn nur den Tod herbeiwünschen?", fragt sich so mancher.

Gähnend schaut das Faultier in die Runde. „Ich habe kaum etwas von meinem Leben, da ich dieses fast komplett verschlafe. Und wenn ich denn mal wach bin, ist es eine Qual für mich, mich zu bewegen und mich auf Nahrungssuche zu begeben – so faul bin ich. Ich glaube, das Leben ist für mich anstrengender, als unter den Toten zu weilen."

Der Löwe kann Tiere mit Todessehnsucht nicht ausstehen. Es macht nicht einmal Spaß, diese zu jagen. Es gibt so viele Tiere, die immer nur jammern und dadurch jede Menge an wertvollen Lebensminuten verbrauchen. „Also, ihr Lieben", beginnt er seine Redezeit, „genießt doch einfach jede Minute eures Lebens und hört auf, es schlechtzureden. Jede Minute ist wichtig, man weiß schließlich nie, wie viele einem noch bleiben." Dabei zwinkert er der Antilope zu.

Dann meldet sich das Chamäleon zu Wort. Fast wäre es wieder übersehen worden. „Ich kann eure Todessehnsucht auch nicht verstehen", kritisiert es das Faultier und die Ameise. „Wisst ihr eigentlich, wie frustrierend es ist, nur ein Jahr lang zu leben? Zum Beispiel benötige ich volle drei Tage, um meine Steuererklärung zu erstellen. Und wofür? Ich habe nichts von meiner Steuerrückzahlung. Aber ich muss es machen wegen der bürokratischen Auflagen. Deshalb mache ich es einfach, ohne meine übrige Lebenszeit mit unnötigem Aufregen zu verschleudern." Die versammelten Tiere sehen dennoch einen roten Kopf, der sich wütend hin und her bewegt, der Körper bleibt weiterhin unsichtbar.

Schließlich ist es die Giraffe, die versucht, tröstende Worte für die Eintagsfliege zu finden. „Kommen wir doch mal auf unseren Ausgangspunkt zurück. Liebe Eintagsfliege, alles, was du tust, machst du doch dafür viel, viel schneller und besser als wir Giraffen. Wir müssen den ganzen Tag nach Nahrung suchen und dabei kilometerlange Wege zurücklegen. Während du in deinem kurzen Leben gar keine Nahrung benötigst und auch längere Wege in einer Schnelligkeit zurücklegst, von der ich nur träumen kann."

Jetzt ist es die Eintagsfliege, die versucht, der Giraffe ein wenig Trost zu spenden. „Aber dafür ist dein Leben schön ruhig. Du kannst tagelang durch die Savanne wandern und an schönen Plätzen rasten und träumen. Außerdem kannst du aufgrund deiner Größe die süßesten und besten Früchte erreichen und genussvoll verspeisen. Ich möchte auch endlich zur Ruhe kommen und vor allem wünsche ich mir, Zeit zum Träumen zu haben." Nur die Ameise nickt verständnisvoll, während die Eintagsfliege tief Luft holt und weitererzählt: „Wir müssen halt unser kurzes Leben ganz schnell mit allem Wunderbaren dieser Welt füllen. Nur Zeit zum Genießen haben wir nicht."

„Und ich möchte, dass ich meine täglichen Bedürfnisse schneller erledigt bekomme", erklärt diesmal die Schildkröte. Sie hält sich wie immer vornehm zurück. Dabei ist die Schildkröte mit ihren 150 Jahren das einzige überlebende Gründungsmitglied dieser Tierversammlung. „Ich glaube, eine Minute wird von uns beiden unterschiedlich empfunden. Um 20 Meter zurückzulegen, benötige ich zwei Stunden. Sehr viele Stunden benötige ich täglich, um satt zu werden. Die übrige Zeit verschlafe ich. Freizeit habe ich keine. Deshalb leben wir auch so lange. Wir Schildkröten brauchen nur entsprechend länger für alles. Vielleicht müssen wir Schildkröten-Minuten in eine Eintagsfliegen-Minute umwandeln."

Die Antilope erhebt sich auf ihrem Podium. „Ein Taler ist doch, egal, ob man wenige Taler besitzt oder Talermillionär ist, gleich viel wert. Ein Taler ist ein Taler. Ein Millionär oder jemand mit Millionen von Lebensminuten muss nicht zwangsläufig glücklicher sein als jemand, der nur wenig Geld oder wenige Lebensminuten besitzt. Deshalb ist auch die Minute bei allen Tieren gleich lang und gleich viel wert. Nur kann ein Tier mit vielen Lebensminuten eher mal eine verlieren oder sie für unnötige Dinge verschwenden. Eine Eintagsfliege hingegen sollte sparsamer und wohl besonnener damit umgehen, denn sie darf keine Minute verlieren. Eine Minute bleibt eine Minute, unabhängig davon, wie lange man lebt."

Das versteht auch die Eintagsfliege und wünscht den übrigen Tieren alles Gute. Sie gibt ihnen noch ein paar Ratschläge mit auf den Weg. „Also, ihr Lieben, genießt jede Minute! Antilope, versuche, nicht immer im Stress zu sein. Denn du befindest dich nicht immer in Lebensgefahr. Ameise, mach doch einmal eine kleine Pause während deiner vielen Arbeit und entspanne dich. Glaube mir, das Leben geht auch dann weiter. Faultier, gib dir einen Ruck und genieße in wachem Zustand den Tag. Schlafen kannst du tatsächlich noch zur Genüge, wenn du tot bist. Chamäleon, lass die Steuererklärung doch einfach liegen. Was kann dir schon passieren? Sollen sie dich doch nach deinem Tode wegen Steuerhinterziehung anzeigen. Giraffe, verweile einfach einmal an einem Platz und iss dich richtig satt. Außerdem solltest du dich mal laufen sehen. Du bist ein verdammt schnelles Tier. Schildkröte, wieso genießt du nicht dein langes, entspanntes Leben? Im Übrigen kannst du verreisen und dir die Welt anschauen, du kannst schlafen, wo immer du möchtest. Schließlich hast du immer dein Haus dabei. Löwe, gib du den Tieren, die heute auf dieser Versammlung sind, einen riesigen Vorsprung, bevor du sie jagst."

Anschließend verabschiedet sich die Eintagsfliege grinsend mit dem Hinweis, dass sie bei der nächsten Sitzung garantiert nicht dabei sein wird. Jemand anderes wird für sie kommen.

So geschieht es, dass eine glückliche Eintagsfliege als Erstes die Versammlung verlässt.

Katja Büscher, *geboren 1976 in Bochum, schrieb schon zu Schulzeiten gerne Geschichten. Nach dem Abitur zog sie nach Köln und studierte dort an der Universität zu Köln Sonderschulpädagogik und Deutsch auf Lehramt. Heute lebt sie in Köln und arbeitet als Sonderschullehrerin an einer Förderschule mit dem Förderschwerpunkt „Lernen" im Rhein-Erft-Kreis. 2016 erschienen von ihr Kindergedichte und 2017 wurden ein Märchen und eine Weihnachtsgeschichte veröffentlicht.*

Ariane Gilgenberg

Schatzfieber

„Wahnsinn", schwärmte Betty, als sie die Klappläden vor ihrem Fenster zur Seite drückte. Sie klatschte aufgeregt in ihre Hände und hüpfte auf der Stelle. Genau so hatte sie sich alles vorgestellt. Vor ihr entfaltete sich der Blick auf die grandiose Weite des türkisfarbenen Meeres, davor heller Sandstrand mit kleinen Felsbuchten, die mit herrlich leuchtenden Mittagsblumen bewachsen waren. „Tessa", rief sie ihrer kleinen Schwester zu, „steh auf, das musst du sehen!"

„Bin noch müde", murmelte Tessa und kringelte sich wieder zu einer Schnecke in ihrem Bett zusammen.

Betty trat indes auf den kleinen, weiß getünchten Balkon hinaus. Sie gluckste begeistert und trieb ihre kleine Schwester wiederholt energisch an, endlich aus den Federn zu kriechen.

Betty und ihre Familie waren in der vergangenen Nacht an der italienischen Küste von Sizilien angekommen und dann nur noch erschöpft in die Hotelbetten gefallen. Doch jetzt spürte Betty ein aufgeregtes Kribbeln. Sie war voller Ungeduld, wollte den Strand erkunden, durch den Sand laufen, Muscheln suchen, im Meer schwimmen, an den Felsen tauchen und Fische beobachten. Aber das Allerwichtigste war natürlich die Schatzsuche. Zu Hause hatte sie davon gelesen, dass genau hier vor vielen Jahren das Schiff eines sagenhaften Piraten gesunken war und dass die Überreste des Wracks gelegentlich edle Kostbarkeiten ausspuckten. Sensationell! Was wäre, wenn ausgerechnet sie einen goldenen Ring mit einem Edelstein finden würde?

Betty gluckste. Schnell zog sie sich einen Badeanzug an, darüber Shorts und T-Shirt. Anschließend trommelte sie ihre Eltern aus dem Zimmer nebenan heraus.

„Guten Morgen, meine Große", begrüßte sie ihr Vater an der Zimmertür. „Schon so früh auf den Beinen?"

„Können wir an den Strand gehen?"

„Na, schon im Schatzfieber?", nuschelte ihre Mutter undeutlich aus dem Badezimmer. Sie hatte den Mund voller Zahnpasta.

Betty griente verlegen und wippte mit den Füßen auf und nieder. In ihrer Hand hielt sie bereits Flossen, Taucherbrille und Schnorchel.

„Geht schon mal zur Frühstücksterrasse", schlug ihre Mutter vor, nachdem sie die Zahnpasta ins Waschbecken gespuckt hatte, „und sucht uns einen schönen Platz aus. Ich schaue noch nach Tessa."

Kurze Zeit später erschien der Rest der Familie. Sie setzten sich an einen weiß gedeckten Frühstückstisch, der von Bogengängen und Säulen eingerahmt war, an denen sich lila blühende Bougainville-Blumen ringelten. Betty schaute sehnsuchtsvoll zum Meer hinaus. Wo mochte das Schiff gesunken sein? Hatten sich die Seeräuber an Land retten können oder waren sie alle ertrunken? Ob noch Säbel auf dem Meeresgrund lagen, mit denen sie die anderen Schiffe überfallen hatten? Betty schauderte und schüttelte sich ein wenig. Vielleicht würde sie beim Tauchen ein Skelett sehen. Hach, das war richtig schön schaurig. Welche Schiffe die Piraten wohl überfallen hatten? Vielleicht hatten sie kostbaren Schmuck aus England oder Spanien an Bord gehabt?

Plötzlich wurde sie aus ihren Gedanken gerissen. „*Buongiorno, signorina*, guten Morgen, kleines Fräulein", begrüßte sie der Hotelchef mit dem kaffeebraunen Teint und sah mit seinen schwarzbraunen Augen auf Bettis Taucherausrüstung. „Du suchst die *pirati* und die *preziosi*?

„Ja", gab Betty fröhlich zu und biss in ein süßes, klebriges Hörnchen. „Ich habe davon gelesen. Wo genau ist denn das Piratenschiff gesunken?", fragte sie und wischte sich mit dem Handrücken die Krümel aus dem Gesicht.

„Oh, *piccola bella*, das Wrack liegt weit draußen, vergraben im schlammigen Meeresgrund. Manchmal finden Taucher eine goldene Münze oder einen silbernen Trinkkelch. Das kommt auf die Strömung an und ist wie die Suche nach einer Nadel im Heuhaufen. Betty zog die Augenbrauen hoch.

„Eine goldene Münze? Cool, meinen Sie, ich könnte auch etwas finden?"

„Oh, das dürfte schwierig sein."

Tessa rutschte unruhig auf ihrem Stuhl herum. „Aber wenn wir ganz viel suchen, dann spüren wir bestimmt einen Goldschatz auf", erklärte sie eifrig.

Der Hotelchef hielt seinen Kopf schief und zwinkerte lustig mit den Augen.

Endlich war das Frühstück beendet und die Mädchen rannten an den Strand. Unter den Sonnenschirmen hatten sich bereits einige Urlauber eingefunden, andere schwammen im Meer. Außerdem gab es eine mit bunten Fähnchen geschmückte Holzhütte. An deren Wänden lehnten schicke Surfbretter, prall aufgepumpte Schlauchboote, Netze mit verschiedenen Bällen und bunte Badehandtücher flatterten im Wind. In der Strandbar schlürften ein paar Urlauber Espresso aus winzigen Tässchen. Auch die Eisvitrine lockte schon die ersten Gäste an.

Betty stand am Meeresufer, das Salzwasser umspielte sanft ihre Zehen. Es war wunderbar warm und so klar, dass man die vielen kleinen Steinchen, Muscheln, Felsen und Fische im Meer mühelos erkennen konnte.

„Unter einem solchen Gesteinsbrocken oder in einer Felsspalte kann sich absolut etwas versteckt halten", beschloss Betty. Dieser Hoteltyp hatte ja gar keine Ahnung.

Die beiden Mädchen zogen sich Flossen und Taucherbrille an und stürzten sich in die See. Eine neue Welt tat sich hier auf. Das Sonnenlicht zeichnete die Wellenbewegungen auf den Meeresgrund und ließ die Unterwasserwelt in den buntesten Farben leuchten, mal rosa, mal golden, mal sanft türkis. Kleine Fischschwärme glitzerten wunderschön und Betty versuchte immer wieder, einen der kleinen Meeresbewohner mit ihren Fingern zu berühren. Aber die waren natürlich viel schneller als sie und tanzten davon.

Es gab so viel zu bestaunen, dass sie die Schatzsuche ganz vergessen hatte, bis plötzlich ein riesiger Schatten auftauchte, der sie am Rücken berührte. Sie erschauerte und ruderte heftig mit den Armen. Ihr Atem ging stoßweise.

Erschrocken tauchte Betty auf und schob ihre Taucherbrille hoch. Verwirrt sah sie sich um und japste. Da sah sie ihre kleine Schwester.

„Mensch hast du mich erschreckt. Ich dachte, ein Raubfisch greift mich an."

Tessa kicherte und hüpfte im Wasser aufgeregt herum. „Ich glaube, ich habe etwas gefunden. Da hinten bei den Felsen steckt etwas in einer Höhle. Aber ich traue mich nicht hineinzufassen."

„Was? Das musst mir zeigen."

Zusammen paddelten die Mädchen in rekordverdächtigem Tempo bis zum Felsenriff.

„Hier muss es sein", winkte Tessa.

Und obwohl sie sich die Stelle genau hatte merken wollen, fiel es ihr jetzt schwer, die kleine Felsspalte zu finden. Irgendwie sah plötzlich alles gleich aus.

Nach Atem ringend tauchte Tessa immer wieder bis zum Grund, bis sie die kleine Spalte gefunden hatte. Und tatsächlich, auch Betty sah etwas darin aufblitzen. Ihr Herz klopfte schneller. Die beiden Schwestern sahen sich stolz an.

„Ha, jetzt werden wir es dem Italiener aber zeigen!", rief Betty. „Der wird mächtig staunen über unseren Schatz."

Viele Male tauchten die Mädchen unter Wasser und versuchten, den Gegenstand zu erkennen, der sich hartnäckig verborgen hielt. Etwas Silbriges musste es sein, aber es war unmöglich, mit bloßen Händen in das dunkle Loch hineinzufassen. Eine piksige Seeigelfamilie bewachte hartnäckig den Eingang.

Doch Tessa hatte eine Idee. Sie zog sich auf die Felsen hoch und wanderte suchend umher. Nach kurzer Zeit fand sie ein kleines Holzstöckchen, mit dem sie in die Öffnung stechen wollte, um den Schatz zu bergen. Aber als sie wieder ins Wasser gesprungen war, zögerte sie. „Da sitzt bestimmt ein ekliger Tintenfisch drin und will mit seinen langen, fiesen Armen meine Hand umschlingen." Tessa schüttelte sich.

„Bei dir piept's wohl." Betty schnappte sich das Holzstöckchen von ihrer Schwester, schwamm in die Tiefe und stocherte in der winzigen Höhle herum. Nach kurzer Zeit musste sie auftauchen, um Luft zu holen. „Gleich habe ich den Schatz", prustete sie.

Auch Tessa tauchte hinab und gab Betty immer wieder kluge Anweisungen, wie sie nach dem Gegenstand graben sollte. Nach mehreren Versuchen schwebte plötzlich etwas Silbernes aus der kleinen Höhle heraus und taumelte auf den Meeresgrund. Schnell griff Betty nach der Kostbarkeit und schwamm mit ihrer Schwester ans Ufer. Sie schoben sich die Taucherbrillen vom Kopf und betrachteten neugierig ihren edlen Fund. Es handelte sich um eine Münze. Auf der einen Seite war ein Pferd mit Reiterin abgebildet, auf der anderen Seite ein Adler mit Krone und Löffel.

„Mega", jubelte Betty und die beiden Mädchen klatschten einander mit der Hand ab.

„Siehst du, ich habe recht gehabt", rief Tessa. „Man muss nur ganz viel suchen."

„Was die Münze wohl wert ist?", überlegte Betty. „Vielleicht können wir sie verkaufen und dafür ganz viel Geld bekommen."

„Nein, die Münze ist doch unser Schatz", lehnte Tessa ab. „Und zu Hause bekommt sie eine Schatztruhe."

„Ja, du hast recht", stimmte Betty zu.

Immer wieder nahm jede von ihnen das silberne Piratengut stolz in die Hand und wog es darin. Das Geldstück war groß und schwer. Es musste sehr wertvoll sein. Doch auf einmal beschlich die Mädchen Zweifel. In großen Lettern stand auf der Münze *Elizabeth II* und *1977* geschrieben.

„Oh Mann." Betty ließ sich geknickt in den Sand fallen. Das Geldstück konnte nicht von dem Piratenschiff stammen. Das war viele Jahre früher gesunken.

Enttäuscht wanderten die Mädchen zu ihren Eltern und zeigten ihnen ihre Beute. Die stellten schnell fest, dass es sich um ein Geldstück aus Großbritannien handelte. Die *Crown*, eine 25-Pence-Münze, die anlässlich des 25-jährigen Thronjubiläums von Königin Elizabeth II geprägt worden war.

„So ein Mist", entfuhr es Tessa. Sie stampfte mit dem Fuß in den Sand. Doch nach kurzer Überlegung, entschieden die Mädchen, dass die Münze doch etwas Besonderes war. Schließlich hatte sie eine weite Reise hinter sich und war inzwischen mehr als vierzig Jahre alt. Außerdem hatten sie noch den ganzen Urlaub Zeit, um nach weiteren Kostbarkeiten zu tauchen.

Der Vater sah seinen Töchtern die Niedergeschlagenheit an und fragte: „Wie wäre es jetzt mit einem echten italienischen Eis?"

Alle stimmten begeistert zu und sie schlenderten durch den heißen Sand zur Strandbar. Unter dem mit Palmenwedeln bedeckten Dach wehte ein angenehmer, warmer Wind. Während Betty ihr Eis genoss, schmiedete sie in ihrem Kopf schon neue Pläne für die Schatzsuche.

Ariane Gilgenberg ist in Köln geboren und lebt mit ihrer Familie in der Nähe von Mainz. Die promovierte Agraringenieurin arbeitet als Kinderbuchautorin und als Journalistin für den Pferdesport. In Papierfresserchens MTM-Verlag erschien ihr Pferdekrimi „Karamell" und die Weihnachtsgeschichte „Kater Kürbis und die Bratkrähe". Außerdem hat sie viele Texte für die Anthologien des Verlages verfasst.

Beatrice Dosch

Auch Mädchen können Fußball spielen

Die Sonne schien heiß auf den Platz, als Jonas und seine Freunde zum Training kamen. Sie schlossen ihre Fahrräder an und gingen zu den Umkleiden.

„Und was macht ihr so in den Ferien?", fragte Jonas beim Umziehen.

„Also, ich fliege mit meinen Eltern für zwei Wochen nach Mallorca", antwortete Karl, der gerade seine Fußballschuhe zuband.

„Cool, ich fahre mit meiner Familie nur an die Nordsee", entgegnete Paul.

„Ach komm, so schlimm wird es schon nicht", versuchte Jonas, Paul aufzuheitern, und klappte die Tür seines Spinds zu. Paul sah ihn jedoch nur abschätzend an und zuckte mit den Schultern.

Die drei Freunde verließen die Umkleiden mit ihren Wasserflaschen und gingen hinüber zum Fußballplatz. Dort warteten schon der Trainer ihrer Mannschaft und einige andere Jungs auf sie.

„Zwei Runden locker einlaufen", forderte der Trainer alle auf, nachdem sie am Spielfeld angekommen waren.

Stöhnend setzte sich der Trupp in Bewegung.

Als alle ihre zwei Runden absolviert hatten, stellten sie sich vor ihrem Trainer auf. Während Jonas und die anderen gejoggt waren, hatte sich ein Mädchen in Sportsachen zu ihrem Fußballtrainer gesellt.

„Hoffentlich will die nicht bei uns mitmachen", dachte Jonas.

Mädchen und Fußball, das passte einfach nicht zusammen. In Jonas' Schule hatte der Sportlehrer mal eine Stunde mit der ganzen Klasse Fußball gespielt. Die meisten Mädchen hatten sofort angefangen zu weinen, wenn sie einen Ball abbekamen. Solche Memmen. Sie hatten deswegen einfach kein ordentliches Spiel zustande gebracht.

Jonas sah seine Freund Paul und Karl an, doch die waren noch ganz außer Atem und hatten das Mädchen noch nicht entdeckt.

Nach einer kurzen Verschnaufpause ergriff der Trainer das Wort. „Wir haben eine neue Mitspielerin. Das ist Carla, sie ist gerade erst hergezogen und total fußballbegeistert. Da wir keine Mädchenmannschaft haben, dachte ich, sie könnte bei uns mitspielen." Der Trainer zwinkerte Carla zu. „Na, dann alle an den Ball." Er klatschte in die Hände und die Jungs holten sich ein Spielgerät.

„Was will die denn bitte schön bei uns?", fragte Karl und deutete mit dem Kinn Richtung Carla.

„Keine Ahnung, hoffentlich ist sie nicht so eine Memme wie die Mädchen aus unserer Klasse", antwortete Paul. Da mussten alle kichern. Das Training heute konnte ja heiter werden.

Nach ein paar Dribbling-Übungen und Elfmeterschüssen ohne Torwart entschied der Trainer, noch ein kleines Spiel zu pfeifen. Jonas hatte die Neue immer wieder aus dem Augenwinkel beobachtet. Tatsächlich hatte sie sich gar nicht so dumm angestellt, aber es war ja auch noch nicht zur Sache gegangen.

„Heute entscheide ich mal, wer in welcher Mannschaft spielt", verkündete ihr Trainer. Er zählte alle Namen auf und ordnete sie zu zwei Mannschaften.

Jonas verdrehte genervt die Augen und sah zu Karl und Paul, die dummerweise im gegnerischen Team gelandet waren. Die beiden zuckten nur mit den Schultern und Paul sagte: „Beim nächsten Mal sind wir sicher wieder in einer Mannschaft."

Zu allem Überfluss wurde auch noch Carla in Jonas' Mannschaft zitiert und er stöhnte auf. Das Training heute war verflucht, hoffentlich gelang es ihm wenigstens, ein Tor zu schießen.

Die Mannschaften verteilten sich auf dem Spielfeld und der Trainer pfiff das Spiel an. Das gegnerische Team hatte angestoßen und sofort attackierte Jonas seinen Gegenspieler. Mit Erfolg. Er eroberte den Ball und stürmte vorwärts direkt auf das Tor zu. Aus dem Augenwinkel sah er, dass Peter auf ihn zugestürmt kam. Mist, er würde es auf keinen Fall mehr bis zum Tor schaffen. Jonas blickte sich um. Doch aus seiner Mannschaft stand nur Carla in einer günstigen Position. Nein, ihr würde er den Ball nicht zuspielen, damit sie die Torchance vermasselte.

Jonas erhöhte sein Tempo, doch von der anderen Seite kam Paul angerannt und verwickelte ihn in einen Zweikampf, den er leider verlor. Kurz darauf landete der Ball im Aus.

„Warum hast du nicht abgespielt? Ich war total frei", fragte ihn Carla vorwurfsvoll.

Er zuckte nur mit den Achseln. Das konnte der doch egal sein. Sie hätten so oder so kein Tor geschossen.

„Es ist, weil ich ein Mädchen bin, stimmt's?", redete sie unterdessen weiter auf ihn ein. Jonas sagte nichts. „Keine Antwort ist auch eine Antwort", stellte sie fest und rannte davon.

„Blöde Zicke", dachte Jonas, „als ob sie es besser könnte."

Eine Weile ging das Spiel immer hin und her, ohne dass eine der Mannschaften bedeutende Torchancen gehabt hätte. Doch als Karl einmal den Ball hatte, stolperte er über seine eigenen Füße und fiel hin. Jonas witterte seine Chance und rannte dem Ball entgegen. Carla war jedoch schneller und eroberte den Ball für ihre Mannschaft. Angeberin.

Jonas schnaubte, lief dann aber doch in die Nähe des gegnerischen Tores. Niemand beachtete ihn, da Carla schon drei Leute der anderen Mannschaft abgehängt hatte und sich nun die Abwehr auf sie stürzte. Kurz schaute sie auf, sah Jonas und spielte den Ball zu ihm hinüber. Dieser nahm ihn gekonnt an und rannte weiter in Richtung Tor. Nur Peter stand als Einziger aus der Abwehr noch vor ihm. Da sah er Carla, die angerannt kam und ihm ein Zeichen gab, zu ihr zu schießen. Er zögerte kurz, doch es war die Chance für ihre Mannschaft, in Führung zu gehen. Er kickte den Ball in ihren Lauf und sie verwandelte ihn in ein Tor.

Alle jubelten, auch Jonas.

Carla kam angerannt und hielt ihm die Hand zum Abklatschen hin. Er schlug ein.

Da nur noch wenige Minuten zu spielen waren, versuchte nun die andere Mannschaft, ein Tor zu erzielen, aber Jonas' Team hielt dagegen und gewann mit 1:0.

Nachdem der Schlusspfiff erklungen war, beendete der Trainer das Training und entließ sie nach Hause. Jonas und seine Freunde holten ihre Trinkflaschen und gingen sich umziehen. Da er etwas eher fertig war als Karl und Paul, ging Jonas schon mal nach draußen.

Vor der Tür stand Carla und wartete. Sie blickte auf, als die Tür zuklappte, und lächelte ihn an. „Du hast gut gespielt", sagte sie. „Du aber auch", antwortete Jonas. „Und ..." Er zögerte.

„Was und?", hakte sie nach.

Er riss sich zusammen und sagte: „Es tut mir leid, dass ich nicht gleich beim ersten Mal zu dir gespielt habe. Das war egoistisch. Du hast echt was drauf."

Sie grinste. „Tja, Mädchen können halt doch Fußball spielen."

Beatrice Dosch wurde 1999 geboren und besucht die Neue Nikolaischule in Leipzig. Schon als sie in die Grundschule ging, hat sie kleine Geschichten geschrieben. Sie reitet und liest gerne und so entstand auch die Idee, ein eigenes Buch zu schreiben. „Charlotta und Wolkenflug" ist in Papierfresserchens MTM-Verlag erschienen.

Veronika Gisselbrecht

Das Schäfchen auf der Alm

Ich bin ein kleines Schaf und habe einen schwarzen Fleck auf dem Rücken, wegen dem mich früher alle auslachten.

Ich lebte in einer großen Herde mit einem Hund und einem Mann, der auf uns aufpasste. Als wir eines Tages auf einer großen Wiese Pause machten, lief ich in den Wald. Der Wald war nicht so schön, denn es gab darin nichts Gutes zu essen.

Also lief ich weiter und weiter, bis ich einen Esel traf. Er war von zu Hause ausgerissen, weil er so viel arbeiten musste. Wir beschlossen, zusammen weiterzuziehen.

Es dauerte ein paar Tage, bis wir auf einer Alm ankamen. Dort war es richtig schön, viel saftiges Gras, viele Kühe und eine freundliche Sennerin, die Magda. Sie war ganz allein auf dieser Alm und musste die Kühe melken. Wir durften zusehen, wie sie Käse aus der Milch machte, und bekamen immer etwas ab.

Keiner lachte mich mehr aus und Willi, so hieß der Esel, musste nicht arbeiten.

Uns ging es richtig gut, bis der Bauer auf die Alm kam, um zu sehen, wie es der Magda ging. Der war richtig böse, weil wir uns von seiner Wiese satt aßen. Wir hatten so eine Angst vor ihm, dass wir in den Wald flohen und uns versteckten.

Bevor es dunkel wurde, rief Magda uns, dass wir wiederkommen sollten, da der Bauer inzwischen verschwunden war.

Und von da an lebten wir glücklich und zufrieden.

Veronika Gisselbrecht lebt in Malsch bei Karlsruhe.

Dani Karl-Lorenz

Das Lachen des Schmetterlings

Karlie war ein kleiner hellblauer Schmetterling. Er war sehr, sehr klein, und wie es bei Schmetterlingen nun einmal ist, wollte auch er fliegen.

Doch Karlie hatte Angst vor dem ersten Mal. Zwar flatterte er immer wieder mit seinen kleinen Flügelchen, doch wenn es darum ging, wirklich abzuheben, hörte er schlagartig auf. Er traute sich einfach nicht. Schließlich war Karlie ja noch ein sehr junger und kleiner Schmetterling.

Da kam eines Tages Soria, die alte Schnecke, zu ihm. Sie hatte immer ihr Häuschen auf dem Rücken. Egal, ob im Sommer die Sonne schien oder ob es im Winter schneite. Soria war eine gemütliche, alte Schneckendame.

Der kleine Schmetterling Karlie spazierte gerade am Boden eines wunderbar duftenden und bunten Blumenmeeres entlang und freute sich über die Sonne am Himmel, die ihn wärmte. Es war ein toller Sommertag, an dem es Karlie richtig gut ging.

Da kam Soria des Wegs und sprach zu dem Schmetterling: „Karlie, schau dir die Sonne am Himmel und die wunderschönen hellen Wolken an. So luftig und leicht ist auch das Fliegen."

Karlie blickte die ältere Schneckendame verdutzt an.

Da sprach sie weiter: „Sei einfach wie eine Wolke, so leicht, wie sie dort am Himmel vorüberziehen."

Karlie blickte nach oben. Es waren richtig tolle Schönwetterwolken, die den Himmel bevölkerten, und wenn er noch weiterblickte, sah er das helle Gelb der Sonne.

„Karlie", sprach Soria eindringlich, „hebe deine Flügelchen und breite sie aus, breite sie so leicht und luftig aus, wie die Wolken am Himmel sich ausbreiten."

Karlie gefielen die Schönwetterwolken sehr und plötzlich fühlte er in sich selbst eine leichte, luftige Freiheit. Die Angst vor dem Fliegen war nicht mehr da. Sie war wie weggeblasen von der sachten Brise, die nun seinen Körper umhüllte. Mit einem Mal spürte er, wie er sich erhob.

Ja, seine Flügelchen trugen ihn in die Lüfte hinauf. Er stieg höher und noch höher.

Schon konnte er fliegend die Blumenwiese überblicken und plötzlich überkam es ihn. Er wurde übermütig und flatterte luftig und leicht von Blume zu Blume.

Oh, wie er sich freute und glücklich lachte!

Sein Lachen nahm der Wind mit, und wenn du einmal auf einer wunderschönen Blumenwiese liegst und der Wind dich streichelt, dann hörst du vielleicht das Lachen des Schmetterlings.

Dani Karl-Lorenz, geboren in einer Kleinstadt in der Oberpfalz (Bayern). Autorin aus Leidenschaft. Malt mit Hingabe. Veröffentlichungen erfolgten in verschiedenen Anthologien unterschiedlicher Verlage und auf ihrer Homepage: www.danilyrik.de.

Karin Piel

Omas neues Kaugestell

Tja, was für ein Tag, als meine Oma ihre Prothese bekam. Schicke mittelweiße Beißer, eingebettet in harten Kunststoff. Solch ein drittes Kauzimmer ist völlig normal, aber meine Oma, erst 67 Jahre jung, hatte damit nur Probleme. Zuerst drückte und zwickte es rechts, dann links, anschließend sammelte sich quasi ein kleiner Wasserfall im Mund, was laut Arbeitsstudie in der Phase der Eingewöhnung völlig normal sein kann.

Sicher, Tausende Mitmenschen tragen solche gebastelten Zahnreihen, manche schon in jungen Jahren. Aber nur meine Oma musste alle paar Tage zum Arzt, um ihre Einrichtung auf Essstandard aufmöbeln zu lassen, und sie kam jedes Mal genervt zurück.

Langsam hatte meine Oma die Faxen dicke, sie wollte das teure Teil in einer Schatulle deponieren und nicht mehr im Mund haben.

Ich quasselte mir die Lippen heiß und erinnerte sie: „Oma, da musst du durch! Es geht nun mal nicht ohne Zähne, außerdem, wie sieht das denn aus mit einem völlig nackten Oberkiefer?"

„Egal", meinte Oma, „ich will das blöde Ding nicht mehr."

„Tja, Oma, da ist guter Rat teuer", sagte ich daraufhin. Ich war ebenfalls frustriert, denn ich wollte ihr doch nur helfen.

Tatsächlich ließ sie das Gebiss von nun an in dem Kästchen liegen und versuchte, mit nacktem Kiefer zu kauen. Weiches Zeug natürlich vorzugsweise. Grießbrei, denn hartes Brot klappte nicht.

Es nahte das Wochenende. Oma hatte immer noch die eigentlich gut gemachte Prothese in besagter Schachtel auf dem Badezimmerschrank geparkt.

Im dachte mir im Stillen: „Nee, Oma, jetzt mal Butter bei die Fische. Ich rufe Tante Hilde an."

Ich darf sie so nennen, denn sie ist bei Oma im ehrenamtlichen Frauenkreis und mit ihr befreundet. Tante Hilde ist ebenfalls mit Kausoldaten ausgestattet.

Ich erreichte sie am Samstag gegen elf Uhr und schilderte kurz den Fall.

Tante Hilde sagte: „Ich habe da eine glänzende Idee, ich verrate sie aber nicht. Sag bitte deiner Oma, sie solle am kommenden Sonntag gegen 15 Uhr im Stadtcafé sein, ich hätte eine große Neuigkeit für sie." Damit beendeten wir unser Gespräch und ich leitete die Information an Oma weiter.

Sonntag 14.30 Uhr. Oma, schick angezogen wie immer, eilte wirklich und natürlich ohne „das blöde Ding" zum vereinbarten Treffen mit Tante Hilde. Nun war ich neugierig, was sich Tante Hilde wohl ausgedacht hatte, und begab mich ebenfalls zum Stadtcafé. Da ich den Wirt gut kannte, verschanzte ich mich bei ihm hinterm Tresen.

Plötzlich stürmten einige Damen vom Frauenkreis herein und gruppierten sich um meine völlig perplex dreinblickende Oma. Die Damen rissen ihre Mäuler weit auf und es erschallte ein Riesengelächter, sodass Oma fast vom Stuhl fiel. Alle Frauen außer Tante Hilde hatten ihre Kauwerkzeuge zu Hause gelassen und grinsten mit nackten Oberkiefern meine Oma hämisch an.

Doch es fruchtete. Von da an trug meine Oma tapfer ihre Dritten und gewöhnte sich an deren Anwesenheit.

Tante Hildes Aktion, erzählte Oma immer, wäre noch Monate danach Gesprächsstoff im Frauenkreis gewesen.

Karin Piel, *geboren 1949 in Gütersloh. Gelernte Gärtnerin. Seit 1993 verheiratet, ohne Kinder. Zuerst wohnhaft in Hessen, dann in Niedersachsen. 2004 zog sie mit ihrem Mann wieder nach Gütersloh. Sie schreibt schon über 20 Jahre Kurzgeschichten, Gedichte und Sketche. Seit 2014 Redaktionsmitglied einer kleinen Seniorenzeitschrift in Bielefeld, worin ihre Geschichten veröffentlicht werden. Hobbys: Wandern, Chorarbeit, Häkeln, Lesungen und Ehrenämter im Seniorenkreis.*

Charlie Hagist

Endlich Freitag

Janina geht gern zu ihren Großeltern. Mindestens einmal in der Woche klingelt sie bei ihnen. Da sie nicht weit entfernt wohnen, kann sie dorthin laufen. Natürlich sagt sie vorher ihrer Mama oder ihrem Papa, dass sie Oma und Opa besucht.

Sie geht deshalb so gern dorthin, weil es immer etwas Neues aus der Schule oder von zu Hause zu erzählen gibt, außerdem ist es dort so gemütlich. Als Extrabelohnung macht Oma ihr dann immer einen leckeren Kakao, bei dem sie es gar nicht abwarten kann, dass er zum Trinken abgekühlt ist. Manchmal liest ihr Opa etwas vor, und wenn Janina besonders gut drauf ist, dann liest sie ihrem Opa aus einem Geschichtenbuch vor. Zur Belohnung gibt's dann ein Extraküsschen von Opa und eine kleine Tafel Schokolade.

Heute macht Opa schon beim Türöffnen ein trauriges Gesicht. „Was ist denn los?", fragt Janine, nachdem sie ihre Jacke im Korridor an den Haken gehängt hat.

„Ach, weißt du", beginnt Opa zögerlich, „Oma geht es gar nicht gut. Seit drei Tagen liegt sie im Bett. Sie ist ganz matt, hat keinen Appetit. Sie gefällt mir gar nicht."

„Kann ich trotzdem zu ihr?", flüstert Janina.

„Natürlich, meine Kleine, da wird sie sich bestimmt freuen. Und flüstern brauchst du auch nicht. Komm, wir gehen zu ihr, ich glaub, sie ist wach."

Vorsichtig öffnen sie die nur angelehnte Schlafzimmertür und gehen hinein. Am Kopfende von Omas Bett steht ein Stuhl, auf dem Opa bis eben gesessen hat. Oma liegt mit blassem Gesicht und schwach atmend da.

„Hallo Oma, wie geht es dir?", fragt Janina ganz leise.

„Ach, ich weiß nicht, mir geht es überhaupt nicht gut. Ich bin so schlapp und habe zu nichts mehr Lust. Schrecklich."

Janina beugt sich über ihre Oma und drückt ihr ganz vorsichtig einen Kuss auf die Wange. Dann streichelt sie sie und setzt sich auf den Stuhl, den ihr Opa inzwischen geholt hat.

„Janina, du kannst ja der Oma eine Geschichte vorlesen und ich mache dir derweilen einen schönen Kakao. Einverstanden?"

„Na klar", antwortet Janina und holt flink ihr Geschichtenbuch. Sie liest daraus vor und merkt, dass Oma an der einen oder anderen Stelle schmunzelt. „Schön", denkt Janina, „Oma hat Freude an meinem Lesen." Als Opa mit dem heißen Kakao kommt, sagt sie: „Dann musst du ja jetzt alles alleine machen."

„Ja, ja, meine kleine Janina. Ich muss einkaufen gehen, kochen, sauber machen und bei unserer lieben Oma sitzen. Ich habe jetzt ganz schön viel zu tun", sagt er und schaut traurig aus.

Janina bietet ihm an zu helfen, wo sie kann, aber bei sehr vielen Dingen ist das wegen ihres Alters gar nicht möglich. Opa bedankt sich trotzdem für ihr Angebot und drückt sie ganz fest.

Und dann muss sie ihrem Opa die Frage stellen, die ihr schon seit Beginn ihres Besuches unter den Nägeln brennt. „Opa", beginnt Janina ganz leise, damit Oma es nicht hört, „Opa, muss Oma jetzt sterben?"

„Weißt du, mein Kleines", setzt Opa an, „sterben müssen wir alle mal, du, ich, Oma, deine Eltern, deine Schulfreundinnen, alle, jeder muss irgendwann einmal sterben. Sieh mal, Oma und ich, wir haben während unserer langen gemeinsamen Ehezeit so viel erlebt. Wir haben gemeinsam Leid erfahren müssen. Einige unserer Freunde und Bekannten sind verstorben, andere wurden schwer krank. Wir selbst hatten auch so manche Krankheit zu überstehen. Wir haben aber auch viel Freude miteinander geteilt. Wir haben eine tolle Tochter, deine Mutter, wir haben ein ganz liebenswertes Enkelkind, dich, wir sind zusammen verreist, hatten zwar viel Arbeit, aber dadurch auch immer etwas Geld. Wir hatten frohe Feste und lustige Erlebnisse. Es war eine schöne gemeinsame Lebenszeit." Während Opa das sagt, sieht Janina, dass seine Augen feucht werden und eine kleine Träne über seine Wange läuft.

Janina schlingt ihre Arme um Opa und drückt ihn, so fest sie kann. „Opa, du musst nicht traurig sein. Es wird bestimmt alles wieder gut mit Oma", versucht sie ihn zu trösten. „Und ich bin doch auch noch da. Ich helfe dir, wo ich kann. Dann schaffen wir es bestimmt."

Opa ergreift mit seiner linken Omas Hand. Er streichelt sie zärtlich. Dann drückt er sie ganz vorsichtig.

Nachdem Janina ihren Kakao ausgetrunken hat und sie mit Opa eine Weile bei Oma am Bett gesessen hat, geht sie nach Hause. Mit gesenktem Kopf erzählt sie ihren Eltern, was sie heute erlebt hat.

„Kopf hoch, meine Kleine", versucht Mama sie zu trösten. „Du wirst sehen, es geht Oma bestimmt bald besser. Wir wollen die Hoffnung nicht aufgeben. Und dann wird auch dein Opa wieder fröhlich sein, so wie wir ihn kennen."

Janina kann es gar nicht erwarten, wieder zu Oma und Opa zu kommen. Die Woche will diesmal gar nicht so schnell vergehen wie sonst.

Dann aber ist es so weit. Endlich Freitag. Der Besuch bei Oma und Opa steht an.

Janina rennt die Treppen zu den beiden hinauf. Sie nimmt immer gleich zwei Stufen auf einmal. An der Wohnungstür, noch vollkommen aus der Puste, drückt sie mit großem Herzklopfen den Klingelknopf. Wer wird die Tür öffnen, Oma oder Opa? Und wenn es Opa ist, macht er dann ein trauriges Gesicht?

Opa öffnet die Tür. Und seine Augen leuchten. Oma ist wieder gesund. Janina drückt Opa. Und Oma, die schon mit dem heißen Kakao kommt, wird anschließend geherzt und gedrückt.

„Ich glaube, meine kleine Janina", sagt Opa, „es hat der Oma geholfen, dass du bei ihr warst, sie gestreichelt und ihr vorgelesen hast. Außerdem hat sie gespürt, dass wir sie brauchen, dass wir sie ganz doll lieb haben. Sie war eben einfach nur mal schlapp und brauchte eine Pause von ihrer jahrelangen anstrengenden Arbeit."

Oma, die das mitgehört hat, nickt, strahlt über das ganze Gesicht und sagt dann: „Ich werd doch noch von lauter lieben Menschen gebraucht, da kann ich mich nicht einfach so verabschieden." Und dann holt sie zur Feier des Tages für jeden ein großes Stück vom selbst gebackenen Kuchen.

Charlie Hagist ist 70 Jahre alt und hat ein 18-jähriges Enkelkind, für das er seit seiner Pensionierung gerne Geschichten schreibt.

Thorsten Albustin

Zeit

Emily macht große Augen, als Großmutter ihr altes Fotoalbum aus der Schublade der Vitrine holt. „Was sind denn das für Bilder? Die sind ja alle ohne Farbe", wundert sich Emily, ohne ihre Neugierde wegen dieser Bildervielfalt bremsen zu können.

„Ach, mein Schatz. So war das früher. Damals hatten wir noch nicht die Technik von heute. Viel wichtiger aber ist, dass meine Erinnerungen noch immer voller Farbe sind."

Großmutter setzt ihre braune Lesebrille auf, macht es sich auf dem mit einer warmen Decke überzogenen Sofa gemütlich und nimmt Emily liebevoll in den Arm. Sie beginnt zu blättern. Emily liebt diese gemütlichen Herbstnachmittage und ist ganz gespannt.

Großmutter füllt jedes ihrer Bilder mit bunter Farbe aus. „Die hier sind aus meiner Schulzeit. Da war ich in der 5. Klasse, das war mein Mathematiklehrer Herr Gottlieb, an diesem Tag gab es Zeugnisse ..."

Die Erinnerungen sprudeln nur so aus ihr heraus. Die eine oder andere Geschichte bringt ein wenig Wehmut hervor, die Emily an Großmutters feuchten Augen erkennt.

„Bist du traurig?", fragt sie sie leise.

„Aber nein, mein Engel. Es ist halt schon alles so lange her und dennoch kommt es mir vor, als sei es erst gestern gewesen. Die Zeit ist schon ein scharfes Schwert."

„Wie meinst du das, was bedeutet Zeit denn überhaupt?", fragt Emily und entlockt Großmutter ein sanftes Lächeln.

„Zeit ist in erster Linie das, was du daraus machst. Zeit ist nicht greifbar, sondern dein Gefühl, wie du die Dinge siehst. Das kann manchmal sehr ungerecht sein."

„Wie meinst du das, das verstehe ich nicht." Emily zuckt etwas ratlos mit den Schultern und schaut sie fragend an.

„Na ja, dafür bist du eigentlich noch ein bisschen zu jung. Für dich hat Zeit noch keine Bedeutung.“

„Doch, doch“, unterbricht sie Emily energisch, „in der Schule zum Beispiel geht die Zeit manchmal viel zu langsam rum und das Warten auf die Weihnachtsgeschenke am Heiligen Abend dauert dafür viel zu lange.“

Großmutter muss lachen und gießt sich eine weitere Tasse Tee ein. Emily genießt die leckeren, von Oma selbst gebackenen Plätzchen.

Ihre Großmutter antwortet: „Ja, ja, mein Kind, so ist das nun einmal. Aber genau das ist eigentlich der springende Punkt.“

„Was meinst du, sag schon, Oma“, hakt Emily ungeduldig nach.

Ihre Großmutter legt die Fotos beiseite, setzt ihre Brille ab und lächelt ihre Enkelin an. „Also gut, ich versuch es mal. Ich glaube, wenn du bei mir bist, fühlst du dich wohl und möchtest so lange wie möglich Zeit mit mir verbringen.“ Emily strahlt und nickt zugleich. „In der Mathematikstunde ist das wohl etwas anders, nicht wahr?“ Emilys Miene bedarf keiner weiteren Erklärung. „Das habe ich mir gedacht.“ Ihre Großmutter nickt. „Das ist aber auch völlig normal. Doch das ist es, was Zeit ausmacht. Allein dein Empfinden lässt die Zeit schneller oder auch langsamer vergehen. Die Zeit selbst jedoch bleibt immer gleich.“

Emily schaut ungläubig, beginnt aber zu begreifen. „Das bedeutet ja“, grübelnd reibt sie ihren Zeigefinger unter der Nase, „dass ich selbst bestimme, was die Zeit in Wirklichkeit ist.“

Großmutter nimmt sie den Arm. „Ja, richtig, meine Liebe. Du bestimmst das Tempo der Zeit. Was nicht bedeutet, dass die Zeit immerzu rennen soll. Denn auch langweilige Dinge, die halt langsamer vergehen, können mit einer richtigen Denkweise für dich wichtig sein, sogar Spaß machen.“

„Wie soll denn bitte schön Langeweile Spaß machen?“ Emily ist irritiert.

„Ganz einfach“, Großmutter muss wieder lachen, „indem du die Zeit für dich nutzt. Zum Beispiel indem du lernst, die Ruhe zu genießen, oder halt einen gewissen Nutzen daraus ziehst. Ein schönes Buch liest. Dein Zimmer aufräumst …“ Ihre Oma weiß, dass das jetzt die falschen Worte waren. Emily schaut erschrocken. „Na, was meinst du?“

Emily schüttelt verneinend ihren Kopf. „Oma, das macht doch keiner. Ich kenne jedenfalls keinen", erwidert sie.

Ihre Großmutter lehnt sich zurück, denkt einen kurzen Moment nach und antwortet ihr dann: „Aber das muss doch nicht für dich gelten. Denke immer daran, es ist in erster Linie deine Zeit und nicht die der anderen, die dir irgendeinen Humbug auftischen wollen." Großmutter schaut auf ihre Uhr. „Du meine Güte, es ist schon 18 Uhr. Du musst nach Hause, es wird Zeit."

„Na klar, danke für den schönen Nachmittag, Oma", sagt Emily, während sie ihre Großmutter ganz fest in den Arm nimmt. „Bis demnächst. Die Zeit ging leider mal wieder viel zu schnell vorbei." Beide beginnen zu lachen.

Auf dem Heimweg gehen Emily Omas Worte noch einmal durch den Kopf. „Oma hat recht. Sie muss es schließlich wissen. Sie ist schon so alt. Ich sollte es zumindest versuchen ... Ich habe ja noch so viel Zeit."

Thorsten Albustin ist 43 Jahre alt und ehemaliger Fußballbundesligatorhüter. Mittlerweile ist er Trainer und im Bereich Fußball journalistisch tätig. Doch weil ihm dieses Themengebiet allein nicht ausreicht, versucht er sich, motiviert von seiner 15-jährigen Tochter, an Kurzgeschichten für Kinder.

Michaela Grüdl-Keil

Grenzen überwinden

Es war einmal eine kleine Fee, die lebte am Rande des Waldes auf einer Lichtung. Sie war eine neugierige Fee, die gerne ihre Grenzen austestete und schon immer wissen wollte, was sich hinter den Bäumen im Wald verbarg, denn dorthin gingen die Feen nie.

Eines Tages fasste sie den Mut und flog entgegen dem Rat der anderen Feen zum Waldrand und ein Stückchen weiter in den Wald hinein. Man hatte sie gewarnt, dass es dort dunkel und kalt sei und böse Wesen böse Dinge täten. Früher, so erzählte man ihr, sei schon einmal eine Fee in den Wald geflogen und nie wieder zurückgekommen. Ein böser Zauber läge über dem Wald, der alle Wesen ins Unglück stürzen und vernichten würde. Weil die kleine Fee aber eigenwillig war und auf ihren Mut und ihr Glück vertraute, flog sie los.

Am ersten Baum hielt sie kurz inne und stellte verwundert fest, dass der Wald gar nicht dunkel und böse war. Auch hier schien die Sonne, wenngleich nicht ganz so hell wie auf ihrer Wiese, und auf dem Boden blühten Blumen. Entschlossen flog sie weiter in den Wald hinein und sah sich um.

„Was soll hier nur gefährlich sein?", dachte sie sich und machte vor Freude einen Purzelbaum in der Luft.

Zumindest versuchte sie es, denn plötzlich hing sie fest und konnte sich kaum noch bewegen. Vor Schreck schrie sie auf und sah sich um. Lange, feine Fäden hielten sie fest wie Fesseln und sie konnte sie nicht lösen. In ihrem Übermut hatte sie nicht auf das Spinnennetz geachtet, in dem sie jetzt festhing. Diese gefährlichen Netze gab es auch auf der Lichtung und die Feen achteten sorgsam darauf, sich nicht versehentlich darin zu verfangen. Aus Ärger über ihre eigene Unachtsamkeit begann sie, laut zu schreien, denn sie war sich sicher, dass nun ihre Reise und ihr

Leben zu Ende waren. Sie fühlte, wie ihr Körper langsam auf und ab schwang, als sich die Spinne lautlos näherte.

„Oh nein!", dachte die kleine Fee. „Hätte ich nur auf die anderen gehört, dann könnte ich weiterhin über die Wiese fliegen und mit den anderen Feen im Sonnenschein tanzen."

Sie überlegte, ob sie weinen sollte, doch sie weinte sonst nie. Sie war sich nicht sicher, was von einer Fee in einer solchen Situation erwartet wurde, deshalb begann sie zu lachen.

„Ich habe es versucht!", rief sie. „Ich habe versucht, meinen Traum wahrzumachen, und es ist besser, im dunklen Wald bei einem Abenteuer zu sterben als auf der Wiese aus lauter Langeweile."

Und als die Spinne sie beinahe erreicht hatte, schloss die kleine Fee ihre Augen und überließ sich ihrem Schicksal. Sie wartete auf den tödlichen Biss, doch plötzlich merkte sie, dass sie fiel und unsanft auf etwas landete.

„Aua!", sagte das Ding, von dem die kleine Fee zuerst dachte, es sei ein Pilz.

„Was bist du denn für einer?", fragte sie verwundert.

Ein kleines graues Wesen mit großen blauen Augen sah sie an. „Ich bin ein Troll und heiße Taddäus", antwortete es.

„Ich heiße Flora und bin eine Fee und ..."

„Ich weiß, was du bist", unterbrach sie der kleine Troll, „aber was machst du hier im Wald?"

„Ich wollte den Wald erkunden", sagte Flora stolz, „aber woher kennst du mich? Es gibt doch gar keine Feen im Wald. Ich bin die einzige."

„Aus den alten Legenden", erklärte ihr Taddäus. „Die weisen Trolle erzählen, dass vor langer, langer Zeit eine Fee ins Reich der Trolle kam, aus Liebe bei uns blieb und den König heiratete. Eine lange glückliche Zeit brach für unser Volk an. Aber nach vielen schönen Jahren, als ihr Feenstaub endgültig aufgebraucht war, wurde es im Wald dunkel und die Fee wurde traurig. Ihr Herz und ihre Flügel wurden schwer, sie konnte nicht mehr lachen und nicht mehr fliegen und starb an zu großer Traurigkeit. An der Stelle, an der sie gestorben war, hinterließ ihr Körper einen Abdruck im Wald. So hat sie uns nicht vollständig verlassen und wir haben sie niemals vergessen. Du siehst genauso aus wie sie."

„Den Platz möchte ich sehen", sagte Flora entschlossen.

Taddäus war einverstanden, sie mit in sein Dorf zu nehmen, und sie liefen los. Während der kleine Troll weiter von seinem Volk erzählte, flog die kleine Fee neben ihm her und versprühte ab und an etwas von ihrem Feenstaub. So war es nicht ganz so dunkel, denn sie liefen immer weiter in den Wald hinein.

Als Flora müde war, setzte sich Taddäus mit ihr auf einen Baumstamm voller Moos, um auszuruhen. Als die beiden weitergehen wollten, konnte sich die kleine Fee erneut kaum bewegen. Ihre Flügel waren von dem feuchten Moos ganz nass und schwer geworden.

„Ich kann dich tragen", schlug Taddäus ihr vor, „denn Trolle sind mutig und stark."

„Danke, gerne", sagte Flora, „aber auch Feen sind mutig und haben einen sehr starken Willen."

Schließlich kamen sie im Dorf der Trolle an. Floras Flügel waren mittlerweile getrocknet, aber das hatte sie Taddäus nicht gesagt, weil sie es schön fand, in seinen Armen zu liegen.

Die anderen Trolle liefen neugierig herbei, um zu sehen, wen Taddäus da mitgebracht hatte. Ehrfürchtig bestaunten alle die kleine Fee. Sie zeigten ihr das Abbild der ersten Fee und luden sie ein, bei ihnen zu bleiben und Licht und Freude in den dunklen Wald zu bringen. Flora freute sich sehr und wollte gerne bleiben, auch weil sie Taddäus sehr mochte, aber der älteste Troll verbot es ihr.

„Du wirst hier im Wald ebenfalls dein Licht verlieren und sterben. Das kann ich nicht zulassen. So leid es mir tut, du musst zurückgehen", befahl er streng.

Da weinte die kleine Fee zum ersten Mal in ihrem Leben und auch Taddäus war ganz traurig. Er versprach dem alten Troll trotzdem, Flora zur Waldgrenze zurückzubringen. Auf dem Weg dorthin schwiegen beide, denn sie wussten, dass sie sich bald voneinander verabschieden mussten, und das tat ihnen im Herzen weh. Flora flog langsam und bedrückt hinter Taddäus her. Diesmal achtete sie genau auf den Weg, denn sie hatte vor, heimlich zurückzukommen. Deshalb sah sie auch die Maus sofort, die sich im Laub versteckt hatte und nun auf Taddäus zusprang, um ihn zu fressen. Erschrocken schrie Flora auf und schleuderte eine Ladung Feenstaub auf den kleinen Troll, der zu seinem eigenen Erstaunen plötzlich nach oben flog. Die Maus sprang ins Leere und blieb verwirrt zurück und Taddäus schwebte eine Weile sprachlos neben Flora her.

„Feen sind wirklich mächtig", staunte er. „Noch nie hat ein Troll eine Maus besiegt. Du hast mir das Leben gerettet."

„Und du hast mein Leben gerettet", antwortete Flora, „jetzt gehören unser beider Leben für immer zusammen."

„Aber wie soll das gehen?", fragte Taddäus. „Ich kann nicht in deiner Welt leben und du stirbst in meiner. Wir können nicht zusammen sein", seufzte er traurig.

„Wir werden eine Lösung finden", versprach ihm Flora.

Am Rande des Waldes blieb Taddäus ruckartig stehen. „Ich darf nicht weiter", sagte er tieftraurig. „Ich muss im Schatten bleiben, die Sonnenstrahlen auf der Lichtung verbrennen sonst meine Haut."

„Aber ja doch, das ist die Lösung!", rief Flora begeistert.

„Wenn ich verbrenne?", fragte Taddäus verständnislos.

„Nein, natürlich nicht. Aber sieh doch, hier am Rand des Waldes ist Schatten und Licht", erklärte ihm Flora. „Hier können wir gemeinsam leben. Du hast den Schatten und ich habe ausreichend Sonne, um mir meinen Feenstaub zu erhalten. Das ist der Platz, der uns beiden gehört!"

Voller Freude umarmten sich die beiden und auch Taddäus begann wieder ein bisschen zu schweben.

Die anderen Feen, die auf der Lichtung lebten, hatten Stimmen gehört und kamen aufgeregt zum Waldrand, um zu sehen, was dort vor sich ging. Sie freuten sich, Flora zu sehen, und erzählten, sie hätten sich erst Sorgen gemacht und sie dann, als sie sie nicht gleich fanden, aufgegeben.

„Ich werde dich niemals aufgeben", flüsterte Taddäus Flora leise ins Ohr.

Und so lebten sie von nun an gemeinsam am Waldrand, an der Grenze von Schatten und Licht, und waren grenzenlos glücklich.

Michaela Grüdl-Keil wurde 1972 in Zweibrücken geboren. Sie lebt mit ihrer Familie im Westerwald und arbeitet als Lehrerin. In ihrer Freizeit schreibt sie eigene Texte und auch kurze Abenteuergeschichten nach den Ideen ihrer Söhne.

Anna Noah

Das Monster im Mülleimer

Nelly saß auf einer Bank beobachtete mit offenem Mund ihren besten Freund Lex dabei, wie er das Papier von seinem Flutschfinger-Eis einfach in den Busch hinter sich warf. Das machte er öfter. Sie erkannte das glänzende Papier von letzter Woche, welches unverändert im Strauch hing. Diesmal musste sie etwas sagen, schließlich war sie zwei Jahre älter als er. „Du, Lex, es gibt auch Abfalleimer." Ihr eigenes Eis tropfte auf ihre Hand.

„Aber ... in den Dingern sind Monster drin, die schnappen nach jedem, der was hineinwirft." Er wedelte bei seiner Aussage so wild mit den Armen, dass ihm beinahe sein Eis auf den Boden gefallen wäre.

„Also, ich kenne nur die unterm Bett oder im Kleiderschrank. Wenn es dunkel ist."

Nun verschluckte er sich beinahe. „Denkst du! In unserem Hof stehen mehrere Müllbehälter und da sitzt eins drin, ich habe es gesehen. Warum sollte es hier anders sein?"

Nelly verstand seine Angst nicht. Ihr war noch nie ein Monster in einer Mülltonne begegnet.

Nachdem sie mit ihrem Eis fertig war, faltete sie das neue Papier und sammelte auch das alte aus dem Busch ein.

„Nein, tu das nicht!", rief Lex und versteckte sich hinter der Bank.

Nelly drehte sich zum Mülleimer um. „Schau mal, eben hat eine Mutti was hineingeworfen und es ist nichts passiert."

„Die ist ja auch erwachsen. Da traut es sich nicht."

Langsam ging Nelly auf den Abfalleimer zu. Kurz davor zögerte sie. Was, wenn Lex doch recht hatte? Manchmal konnte er sie echt nervös machen. Die Öffnung erschien ihr zwar zu klein für ein großes Monster, aber vielleicht konnte es sich doch irgendwie hineinquetschen.

„Willst du den Abfall hypnotisieren?", fragte eine Stimme von hinten.

Überrascht machte Nelly Platz für eine Frau und ihre Zwillingskutsche. „Nein, ich überlege."

Die Fremde lachte und lief weiter.

Nelly überwand sich schließlich, warf alles in die Öffnung und rannte, so schnell sie konnte, zurück zu ihrem besten Freund. Dann erst wagte sie, sich umzudrehen. „Siehst du, kein Monster. Du kannst rauskommen. Und bei dir in der Straße ist garantiert auch keins. Ich beweise es dir."

Lex krabbelte aus seinem Versteck. „Wirklich?"

„Ja. Wir gehen zusammen zu dieser Mülltonne. Komm!"

Er zog seine Augenbrauen zusammen. „Das muss ich vom Fenster aus beobachten."

„Ich soll das alleine machen?" Nun bekam sie es doch mit der Angst zu tun. „Du kannst dich hinter den Bäumen im Hof verstecken. Wenn kein Monster da ist, wirfst du nie wieder Müll in Büsche."

„Hm", brummte Lex.

Die Wohnung seiner Familie lag nicht weit vom Spielplatz entfernt. Langsam traten beide in den Innenhof und versteckten sich hinter zwei Birken.

Nelly schielte zu der Stelle, wo die Müllbehälter standen. „Da ist nichts", flüsterte sie.

Lex nickte. „Das ist es ja. Das Monster bemerkt man nicht, wie kämen sie sonst unter unsere Betten?"

Sie hob einen heruntergefallenen Birkenzweig auf. „In welcher Tonne saß es denn?"

„In der grauen." Sein Finger zuckte, als er darauf wies.

„Okay." Nelly sprintete los. „Komm raus oder ich komme rein!", rief sie, damit das Ding auch gleich wusste, woran es bei ihr war. Unterstützend schlug sie mit dem Zweig gegen die Tonne.

So lange, bis ein Mann aus dem Treppenhaus kam. „He, was machst du da für einen Lärm?"

„Mein Freund", sie zeigte zu den Birken, „meint, da ist ein Monster drin."

Der Fremde schaute nachdenklich. „Kann es sein, dass du den Obdachlosen Schuster meinst?"

Nelly zuckte mit den Schultern und ließ den Zweig sinken.

Zögernd kam Lex zu ihnen. „Das Monster hat einen Namen?"

„Der arme Mann ist kein Monster, auch wenn er vielleicht etwas merkwürdig aussieht. Er hat seine Wohnung verloren und saß hier immer mal wieder bei Regen drin. Leider wollte er sich nicht helfen lassen. Keiner weiß, wo er sich gerade aufhält. Eventuell ist er im Himmel."

Nelly nickte. „So ist das also."

Plötzlich schien Lex eine Idee zu kommen. Er nahm Nellys Stock und sprang an den anderen Tonnen entlang. „Wenn er kein Monster ist, dann können wir ihn doch suchen. Herr Schuster, bist du hier drin?" Er klopfte an jeden verfügbaren Müllbehälter.

„Wenigstens hat Lex jetzt keine Angst vor Abfalleimern mehr", stellte Nelly professionell fest.

Anna Noah, Jahrgang 1979, ist studierte Linguistin und Sinologin. 2005 war sie Gastautorin in Charles Lee Taylors Buch „Reflections: A Poetic Approach II". Kurztexte von ihr sind in verschiedenen Anthologien veröffentlicht worden.

Julia Wagner

Im Wald

Leni zieht ihren Fuß ein und drückt sich in die Felsspalte. Sie hört, wie ihr Bruder und ihre Schwester um den kleinen Hügel, der im Wald hinter dem Dorf ist, herumgehen. Bald werden ihre Stimmen leiser und Leni lächelt. Beim Versteckenspielen gewinnt sie immer. Aber bald wird ihr langweilig und sie steckt den Kopf hervor. Sie hat gar nicht bemerkt, wie dunkel es schon geworden ist. Schnell klettert sie aus ihrem Schlupfwinkel. Sie dreht sich im Kreis und kneift ihre Augen zusammen. Sie riecht die Tannennadeln jetzt viel stärker als vorher und es ist schon richtig finster, die hohen Bäume schlucken den letzten Rest Licht. Ihr Herz fängt an zu schlagen.

„Hallo? Wo seid ihr?" Komisch klingt ihre Stimme hier. Leni geht langsam durch den Wald und sucht den Boden nach dem Weg ab. Ein Rauschen geht durch die Bäume. Leni schluckt. „Das ist der Wind in den Blättern", sagt sie sich.

Noch einmal rufen will sie nicht – das war zu unheimlich.

In ihrer Nähe knackt ein Ast. Lenis Hände werden feucht. Da hört sie hinter sich ein Fauchen und rennt los, so schnell sie kann. Sie bekommt Seitenstechen und kriegt schon keine Luft mehr, aber sie läuft weiter. Da stolpert Leni und fällt der Länge nach hin. Sie spürt einen Schmerz in ihrem Knöchel. Aua!

Sie setzt sich auf und putzt sich die Tannennadeln von den Händen. Ihre Finger riechen nach Harz. Leni schaut auf. Da sieht sie vor sich eine Lichtung.

Sie steht langsam auf und humpelt ein Stück zu der Wiese, die vom Mondlicht beleuchtet wird. Da kriegt sie plötzlich große Augen. Zwei Gestalten schweben hoch über dem Gras ... und zwar auf Besen! Sie haben weite Röcke an, nur ihre Füße schauen unten heraus. Beide haben einen Arm erhoben und jetzt hört Leni auch ihre Stimmen, aber sie kann nichts verstehen.

Leni denkt an Hänsel und Gretel und bekommt dabei so weiche Knie, dass sie sich ins Gras fallen lässt.

„Alles in Ordnung mit dir?", fragt eine Stimme hinter Leni.

Sie fährt herum. Vor ihr steht ein Mädchen, nicht viel älter als sie, mit schwarzen, kurzen Haaren, die in alle Richtungen abstehen, und grünen Augen. Es lächelt Leni freundlich an.

„Ich ... ich weiß nicht", stottert Leni und zeigt auf die fliegenden Hexen.

„Ach die!" Das Mädchen verdreht die Augen. „Das sind meine Tanten. Die spielen für ihr Leben gerne Theater und proben gerade. Siehst du, jetzt machen sie eine Pause." Sie nickt zur Lichtung.

Tatsächlich sinken die Gestalten gerade langsam auf den Boden. Jetzt sieht Leni auch das Gestell über ihnen und die Seile, an denen die Besen hängen. Sie atmet erleichtert aus.

Das Mädchen grinst sie an. „Hast du geglaubt, sie sind echte Hexen?" Leni nickt. „Das wird sie freuen. Ich bin übrigens Fibi." Sie hält Leni ihre Hand hin und hilft ihr hoch.

Leni putzt sich die Grashalme von der Hose und sagt: „Und ich heiße Leni."

„Du hast dich verlaufen, nicht wahr?" Fibi bückt sich und hebt einen Besen auf, der neben ihr auf dem Boden liegt. „Das ist meiner. Komm, ich bringe dich nach Hause."

Fibi scheint genau zu wissen, wohin sie gehen muss, und mit ihr zusammen hat Leni keine Angst. Ihr Knöchel tut auch nicht mehr weh. Bald sind sie am Waldrand angekommen.

„Findest du jetzt den Weg nach Hause?" Leni nickt. „Warte." Fibi bückt sich und zieht einen kleinen Strohhalm aus ihrem Besen. Sie legt ihn in Lenis Hand und schließt ihre Finger. „Wenn du mich sehen willst, zerbrich einfach den Besen. Bis bald!"

Leni öffnet stirnrunzelnd ihre Hand. Anstelle des Strohhalms liegt eine Kette darin, mit einem kleinen Besen als Anhänger.

„Was ..." Leni schaut verwirrt auf. Doch Fibi ist verschwunden.

Julia Wagner, *geboren 1977, lebt und arbeitet als Ärztin in Wien. Während sie bei ihrer Arbeit mit beiden Beinen fest auf dem Boden steht, ist ihr Kopf beim Schreiben hoch oben in den Wolken. Sie spielt Saxofon und verbringt gerne Zeit mit ihren Freunden.*

Vanessa Dinkel

Fridolin – der kleine grüne Traktor

Da hinten sind sie, der kleine Traktor Fridolin und sein Bauer Paul. Wie jeden Tag machen sie sich auf den Weg zu einem der Felder. Es gibt immer etwas zu tun für Bauer Paul und seinen Traktor Fridolin. Die beiden wohnen auf einem großen Bauernhof mit vielen Tieren. Es gibt Pferde, Kühe, Schafe, Schweine, Hühner, Ziegen, Katzen und einen Hofhund namens Hasso. Der Bauer lebt mit seiner Bauersfrau Anna in einem ganz alten Haus mit einer großen Scheune und einem Stall für die vielen Tiere. Fridolin, der kleine grüne Traktor, ist, seit er denken kann, bei Bauer Paul. Jeden Tag hilft er ihm bei seiner Arbeit, egal, bei welchem Wetter. Abends stellt ihn Bauer Paul wieder in die Scheune, denn da ist Fridolin vor Wind und der Kälte der Nacht geschützt. Dort kann er in Ruhe schlafen und sich von der Feldarbeit ausruhen.

Im Frühjahr mussten die Felder von Bauer Paul hergerichtet werden, damit sie bald bepflanzt werden konnten. Bei dieser Arbeit wurde der kleine grüne Traktor Fridolin immer richtig schmutzig. Auch an diesem Tag musste er ein großes, schweres Gerät hinter sich her ziehen, das die Erde auflockerte. Immer wieder spritzte Erde an seine Reifen oder an das grüne Blech, sodass er danach total schmutzig war. Fridolin mochte diese Arbeit nicht besonders, denn er wollte ein hübscher und gut aussehender Traktor sein. Zwar spritzte ihn Bauer Paul am Abend mit dem Gartenschlauch ab, aber Fridolin juckte es noch immer an seinem linken Vorderreifen und er glaubte, dass Bauer Paul bestimmt etwas Dreck vergessen hatte.
Fridolin beschloss, am nächsten Tag auf keinen Fall mehr auf dem Feld zu arbeiten. Er wollte auch einmal seine Ruhe haben und nicht immer die Drecksarbeit erledigen müssen. Er konn-

te in dieser Nacht lange nicht einschlafen und überlegte, was er tun sollte. Plötzlich hatte er die Idee. Er wollte in die Stadt fahren. Von der hatte ihm Paul manchmal erzählt und er stellte sich die Stadt sehr toll und aufregend vor. Bauer Paul hatte ihn noch nie dorthin mitgenommen, er hatte immer gesagt, dass die Stadt nichts für Traktoren sei.

„Warum eigentlich nicht?", fragte sich Fridolin.

Er beschloss, sobald die ersten Sonnenstrahlen über die Hügel gestiegen waren, sich auf den Weg in die Stadt zu machen. Bauer Paul war zwar ein Frühaufsteher, aber er wartete stets, bis Ramses, der Hahn, krähte und dieser war ein Langschläfer. Er krähte meist erst, wenn die Sonne schon mindestens eine halbe Stunde aufgegangen war. Diese Zeit musste Fridolin reichen, um sich davonzuschleichen. Er versuchte, noch etwas zu schlafen, und bereitete sich auf seine große Fahrt in die Stadt vor. Er war schon ziemlich aufgeregt.

Pünktlich mit dem ersten Sonnenstrahl wachte er auf und erinnerte sich sofort wieder an seinen Plan. Er startete ganz vorsichtig seinen Motor und tuckerte, so leise es ging, los. Er fuhr aus dem Hof hinaus und die lange Straße entlang, bis er zur Landstraße gelangte. Dann bog er rechts ab. Nach etwa einer halben Stunde Fahrt erreichte er die Autobahn. Zu dieser Zeit fuhren alle Menschen zur Arbeit, sodass richtig viel los war. Andauernd wurde er überholt. Viele hupten und beschimpften den kleinen grünen Traktor, weil er so langsam fuhr. Aber Fridolin konnte nun mal nicht schneller fahren.

Irgendwann sah er vor sich die Stadt. Er nahm die nächste Ausfahrt und bog in eine Straße ein, in der große Lastwagen standen und hin und her fuhren. Fridolin, der kleine grüne Traktor, musste aufpassen, dass sie ihn nicht umfuhren. Es musste eine große Fabrik hier geben, die viele Waren brauchte, die in den Lastwagen transportiert wurden.

Als er diese Straße endlich verlassen konnte, war er froh. Allerdings stand er jetzt direkt vor einer großen Baustelle und er bemerkte, dass er hier nicht weiterkam. Ein Bagger versperrte die Straße und viele Bauarbeiter bohrten und hämmerten, es herrschte ein ohrenbetäubender Lärm. Der kleine grüne Traktor suchte verzweifelt einen Weg in eine ruhigere Gegend.

Er bog links ab und diesmal versperrte ihm die Polizei den Weg. Es hatte einen Unfall gegeben und Fridolin musste warten. Es bildete sich ein Stau. Wieder hupten viele Autos, da sie oder wohl eher ihre Fahrer keine Lust zum Warten hatten.

Endlich, als sich der Stau langsam auflöste, konnte Fridolin weiterfahren. Aber so weit kam er nicht, dauernd musste er an einer Ampel anhalten oder an einem Zebrastreifen jemanden hinüberlassen. Ganz oft wurde er von einem Roller überholt, einmal sogar auf der rechten Seite, was eigentlich verboten war. Die Fahrradfahrer nahmen auch überhaupt keine Rücksicht und fuhren kreuz und quer durch die Stadt. Es war laut und es stank auch ganz schön nach Abgasen. So hatte sich Fridolin die Stadt nicht vorgestellt.

Er hielt in einer Nebenstraße an und wollte verschnaufen und sich orientieren. Jetzt sah er dunkle und hohe Häuserblocks und viele bunte Menschen, wie er sie noch nie zuvor gesehen hatte. Menschen mit roten und grünen Haaren, genauso grün wie er selbst. Gestalten, ganz in Stoff gehüllt oder mit riesigen Absätzen an den Füßen. Er beobachtete dicke Menschen mit prall gefüllten Einkaufstüten und Mütter mit ihren Kindern, die schrien. Er sah auch Jugendliche, die auf den Boden spuckten und Müll auf die Straße warfen, er verstand nicht, wieso sie das machten.

Da kitzelte ihn auf einmal etwas an seinem rechten, großen Hinterrad. Er drehte sich um und sah, wie zwei Gestalten sich mit einem Messer an seinem Hinterrad zu schaffen machten. Schnell startete er seinen Motor und tuckerte, so schnell er konnte, davon. Die beiden Gestalten erschraken und vor Schreck fiel ihnen das Messer aus der Hand. Da hatte der kleine Fridolin noch einmal Glück gehabt, sonst wäre seine Stadttour hier vorbei gewesen, denn mit einem Plattfuß hätte er nicht weiterfahren können.

Vor lauter Schreck hatte er nicht bemerkt, dass er mitten hinein in die Fußgängerzone gefahren war. Hier gab es noch mehr Menschen. Menschen in Anzügen, blonde und schwarzhaarige. Menschen mit langen Bärten und welche ohne Haare. Viele hatten es sehr eilig, andere saßen gelangweilt in Cafés und wieder andere unterhielten sich sehr interessiert. Ganz langsam tuckerte Fridolin durch die Fußgängerzone, bis er zum Rathausplatz kam, auf dem gerade der große Wochenmarkt stattfand. Er sah viele Stände, die ihm bekannte Ware anboten. Waren, wie er sie von zu Hause von seinem Bauernhof kannte. Da waren große Stände mit frischem Obst wie Äpfeln und Birnen. Es gab Gemüsestände, die mit Frühlingssalaten, Radieschen, Gurken und Karotten bestückt waren. Es duftete nach frischen Landblumen, nach Bauernbrot, Käse und verschiedenen Fleisch- und Wurstwaren. Fast dachte Fridolin, dass er zu Hause wäre. Aber der Lärm des Marktes und die vielen Menschen ließen ihn schnell wieder erkennen, dass er sich noch immer in der Stadt befand.

Was war das? Da hinten, war das etwa ein Traktor? Ja, ganz sicher, das war doch Emil. Der kleine blaue Traktor von Bauer Hannes, dem Nachbarn. Was machte der denn hier?

Langsam bewegte sich Fridolin in Richtung Emil und Bauer Hannes und sah, dass sie einen großen Stand mit frischem Obst und Gemüse hatten. Der kleine Traktor Fridolin begrüßte den kleinen blauen Traktor Emil und seinen Bauern Hannes und erzählte ihnen, wie er hierhergekommen war.

„Tja, die Stadt ist nun mal für uns Landtraktoren nichts, Fridolin, das hätte ich dir gleich sagen können", meinte Emil und lachte verschmitzt.

„Ich will einfach nur wieder nach Hause."

„Das kann ich mir vorstellen, warte, bis der Markt vorbei ist, dann nehmen wir dich mit nach Hause, Bauer Paul wird sich bestimmt schon Sorgen machen."

So verbrachten der kleine grüne Traktor Fridolin und der kleine blaue Traktor Emil den Tag, indem sie gemeinsam warteten, bis der Markt vorbei war. Während sie warteten, sahen sie sich die vielen Marktbesucher genau an.

Gegen Nachmittag endlich war der Stand beinahe leer gekauft. Bauer Hannes sagte zufrieden: „Es ist schon toll, wie die Stadtmenschen unsere frische Ware vom Land mögen. Ich verstehe nicht, wie sie in der Stadt leben können. Wenn sie auf dem Land wohnen würden, dann hätten sie das doch jeden Tag. Also, auf, ihr zwei Traktoren, auf nach Hause!"

Bauer Hannes baute seinen Stand ab und legte die leeren Körbe und Kisten auf den Anhänger, dann setzte er sich auf den kleinen blauen Traktor Emil und lenkte ihn nach Hause aufs Land.

Fridolin folgte ihnen ganz dicht, denn er wollte sie nicht verlieren. Sie fuhren zum Glück nicht über die Autobahn, weil Bauer Hannes eine Landstraße kannte, auf der zu dieser Zeit nicht viel Verkehr herrschte.

Nach einer guten Stunde sah der kleine grüne Traktor Fridolin endlich den Bauernhof seines Bauern Paul. Er bedankte sich bei Bauer Hannes und dem kleinen blauen Traktor Emil fürs Nach-Hause-Bringen und gab noch einmal Vollgas.

Bauer Paul und seine Anna standen vor dem Bauernhaus und sahen sehr traurig aus. Sie hatten sich den ganzen Tag gefragt, wo ihr kleiner grüner Traktor Fridolin bloß sein könnte, und hofften sehr, dass ihm nichts zugestoßen war. Als sie seinen Motor hörten und ihn auf den Hof fahren sahen, waren sie überglücklich. Aber noch glücklicher war der kleine grüne Traktor, der sich schon auf den nächsten Tag und die Feldarbeit mit Bauer Paul freute. Er wusste nun, wie gut er es bei seinem Bauern hatte und wie schön es war, jeden Tag die frische Landluft zu genießen und Ruhe vor Autolärm und Baustellen zu haben. Die Stadt wollte er so schnell nicht mehr besuchen.

Vanessa Dinkel *wohnt in Riegel am Kaiserstuhl. Sie ist 1986 in Emmendingen geboren und arbeitet an einer Klinikschule im Schwarzwald. In ihrer Freizeit schreibt sie gerne Kurzgeschichten und Gedichte für Kinder und manchmal auch für Erwachsene.*

Katharina Laukemper

Ella feiert Hochzeit

Schon beim Aufwachen merkte Ella, dass heute ein ganz besonderer Tag werden würde. Obwohl Wochenende war, waren alle schon früh um acht Uhr hellwach und wuselten aufgeregt durchs Haus.

„Komm, Ella, jetzt machen wir dich schick", sagte Mama Judith, drückte ihr einen Kuss auf die Stirn und hob sie vorsichtig aus dem Bett. Dabei musste sie ungemein draufachtgeben, dass ihre kunstvoll gefertigte Frisur nicht kaputt ging.

Ella spürte ein Kribbeln in ihrem Bauch aufsteigen. Ja, heute war ein besonderer Tag, denn Mama Judith holte das allerschönste Kleid von allen aus Ellas Kleiderschrank. Sie hatten dieses Traumkleid extra vor zwei Wochen gekauft und Ella wollte es seitdem jeden Tag unglaublich gerne anziehen. Aber Mama Judith hatte es ihr immer wieder verboten. Als Ella es einmal ganz heimlich angezogen hatte, um es draußen ihrer Nachbarin Lisa zu zeigen, war sie von Mama Judith gestoppt und das Kleid unerreichbar weit nach oben in den Schrank gehängt worden.

Doch jetzt war es endlich so weit!

Ella fühlte sich wie eine Prinzessin, als der seidene Stoff über ihre Haut glitt. Das Kleid war ganz weiß und hatte ein rosa Bändchen um den Bauch.

Außerdem stand es so schön weit ab, und wenn sie sich drehte, flog der glänzende Stoff noch höher. Als sie dann auch noch die ebenso weißen Schuhe angezogen bekam, die wie bei Tante Rieke so schön auf dem Boden klackerten, war Ella sich sicher, dass der Tag wunderschön werden würde.

Nachdem immer wieder das laute Rufen von Papa Nils zu hören gewesen war – „Jetzt beeil dich endlich, Judith, wir kommen noch zu spät zur Kirche, wenn du dir noch länger dein Gesicht puderst!" –, ging es endlich los.

„Wohin fahren wir eigentlich?", fragte Ella, die gleichzeitig immer wieder mit ihren Händen über das weiche Kleid strich.

„Na, Tante Lana heiratet doch heute", antwortete Papa Nils.

Jetzt fiel es Ella wieder ein. Weil der Onkel Ole die Tante Lana so sehr mochte, wollte er ihr in der Kirche ein Jawort geben und alle durften zugucken. Ella war schon gespannt, was das für ein Wort mit Ja war, von dem Mama erzählt hatte und das der Onkel Ole der Tante Lana Lana heute gab. Mit *Ja* fielen ihr nicht so viele Worte ein. *Ja*pan und *Ja*guar hatte sie mal gehört. *Ja*smin und *Ja*na vielleicht noch, weil zwei Kinder im Kindergarten so hießen. Aber mehr auch wirklich nicht.

Immer wieder strich Ella über ihr Kleid. Es fühlte sich so glatt an. Wie damals, als sie die ganze Flasche Shampoo auf den Boden gekippt hatte und dann im Badezimmer rumschlittern konnte. Und trotzdem war das Kleid so weich wie Teddy Edgar. Noch viel besser fühlte es sich an, wenn man den Stoff in den Händen immer wieder zerknüllte.

„Was hast du denn mit deinem Kleid gemacht, Ella? Das ist ja ganz zerknittert!", schrie Mama Judith ganz entsetzt, als sie Ella nach der langen Autofahrt aus dem Wagen helfen wollte. Da es aber schon spät war, drückte sie Ella nur einen Korb mit Blütenblättern in die Hand. Damit sollte Ella in der Kirche vor Tante Lana her laufen und die Blütenblätter auf den Boden werfen. Ellas Herz hopste vor Aufregung. Sie hatte sogar eine wichtige Aufgabe!

Drinnen in der Kirche saßen alle schon, als aus einem Auto, das gerade angefahren kam, Tante Lana ausstieg. „Oh, sie sieht noch schöner aus als ich", flüsterte Ella leise. Wie eine Märchenkönigin, ganz in Weiß. Ella fühlte sich sehr wichtig, als Tante Lana sie mit ihrem schönen Kleid umarmte.

Sobald die große, schwere Kirchentür aufging und Tante Lana mit Opa Theo durch die Tür stolzierte, fing Ella an, die Blütenblätter zu streuen. Eine Handvoll, noch eine Handvoll. Die Blätter segelten zauberhaft durch die Luft. Auf dem Kirchenboden sah ihre rosa Farbe so prächtig aus, dass Ella beschloss, den gesamten Inhalt des Korbes auf einmal in die Luft zu werfen. Nur um zu sehen, wie alle Blätter gleichzeitig herabschwebten und den Boden verzierten. Ella freute sich riesig, als alle Blätter, die sie über sich geworfen hatte, auf sie herabrieselten. Sie blieb entzückt stehen, um das Wunder zu betrachten. Leider hatten die glücklich lächelnde Tante Lana und der Opa Theo das nicht gesehen, sodass die Braut aus Versehen gegen Ella lief und diese auf den Boden fiel.

Es machte Ella nichts aus, da sie auf den weichen Blütenblättern landete, aber Tante Lana hörte augenblicklich auf zu lächeln und beugte sich hinunter, um Ella zu helfen. Da aber Cousine Clara hinten den langen Schleier festhielt, damit dieser nicht auf den Boden hing, wurde der Schleier aus den Haaren von Tante Lana gezogen. Ihre schöne Frisur darunter ging sofort kaputt.

Nach kurzer Aufregung und bestmöglichem erneuten Aufsetzen des Schleiers ging es aber einfach weiter. Ella durfte sich vorne in die erste Reihe neben Mama Judith setzen, die das gleiche Kleid hatte wie Tante Rieke. Da die beiden Zwillinge waren, waren sie sehr schwierig zu unterscheiden, fand Ella.

Während der Pastor da vorne viele langweilige Sachen erzählte, wurde Ella immer unruhiger.

„Hier, mal was", flüsterte Mama Judith Ella etwas genervt zu und gab ihr einen Kuli und einen Block.

Da fiel Ella plötzlich ein, dass sie schon immer ein Kleid mit Blumen haben wollte. Also malte sie viele, viele Blümchen auf ihr Kleid, während die Eltern gespannt dem Pastor zuhörten. Und weil Ella ihre Blümchen so gut gelungen fand, malte sie auch gleich noch welche auf ein Stückchen Stoff von Mama Judiths Kleid und ein wenig anders aussehende auf das Kleid von Tante Rieke. Damit konnte sie die beiden einfacher unterscheiden.

Erst bei der dritten Blume merkte Mama Judith, dass sich ihr und Tante Riekes Kleid verändert hatten. Sie schrie plötzlich ganz laut: „Ellaaaaaaa!"

Ella zuckte zusammen und alle, die in der Kirche saßen, sogar der Pastor, Onkel Ole und Tante Lana guckten sich zu ihnen um. Mama Judith wurde ganz rot im Gesicht und Ella wusste nicht, ob das so war, weil sie sauer war oder weil es ihr peinlich war, dass plötzlich alle ganz still waren und guckten.

„Macht einfach weiter", sagte Mama Judith dann laut und der Pastor redete weiter.

Ella musste erst lachen, aber als sie den bösen Blick von Mama Judith sah, guckte sie lieber schnell auf ihre weißen Schuhe.

Während vorher noch manchmal gelacht worden war, weil der Pastor wohl etwas Lustiges erzählt hatte, schien es jetzt vorne bei Tante Lana und Onkel Ole ernst zu werden. Es war ungefähr so still wie zuvor, als sich alle zu Mama Judith umgeguckt hatten. Nur das ständige Klacken von einem Mädchen, das ein Gerät in der Luft hin und her schwingen ließ, aus dem ein seltsamer Rauch kam, war zu hören.

„Der Rauch da stinkt", flüsterte Ella Tante Rieke zu, die antwortete: „Das ist Weihrauch, Ella, damit verehren wir den lieben Gott." Trotzdem fand Ella, dass dieser Weihrauch stank.

Wirklich jeder starrte jetzt angespannt nach vorne zum Pastor und zu Tante Lana und Onkel Ole. Ella merkte sofort, dass sie jetzt auch ganz leise sein musste. Sie spürte, dass gleich der Moment gekommen war, an dem Onkel Ole der Tante Lana sein Wort gab.

Aber der Weihrauch kitzelte Ella immer mehr in ihrer Nase und krabbelte ihr bis in den Hals. „Nicht husten oder niesen, nicht husten oder niesen ...", dachte Ella immer wieder. Aber der Rauch kitzelte unaufhörlich weiter.

Lauter als vorher und festlicher gesprochen, fragte der Pastor nun Onkel Ole, ob er Tante Lana zur Frau nehmen wolle. Gerade als Onkel Ole antworten wollte, passierte es. Ella bekam den schrecklichsten Hustenanfall, den sie je bekommen hatte. Das Husten schallte durch die ganze leise Kirche und niemand um Ella herum konnte Onkel Oles wichtige Antwort, das Wort, auf das alle gewartet hatten, verstehen.

Alle drehten sich sofort wieder zu Ella um und Mama Judith holte schnell etwas zu trinken aus ihrer Tasche. Da ging es Ella gleich viel besser. Aber sie fühlte sich ein bisschen schlecht. Nur der blöde Stinkerauch war schuld, dass sie Onkel Oles wichtigen Moment kaputt gemacht hatte. Hoffentlich war er nicht sauer auf sie ... Und was war das denn nun für ein Jawort? Darauf konnte Ella sich in dem Moment einfach nicht konzentrieren.

Jetzt fragte der Pastor noch Tante Lana, ob sie den Onkel Ole auch wolle, und als sie „Ja" antwortete und den Onkel Ole auf den Mund küsste, da klatschten alle.

„Ja!", schrie Ella ganz laut. Die ganze Zeit hatte sie sich den Kopf darüber zerbrochen, welches Jawort es wohl sein könnte. Aber mit der vorher vom Pastor gestellten Frage, machte es Sinn. Nur das Wort *Ja* ohne was dahinter war die Antwort!

Tante Lana lächelte Ella zu. Sie schien also glücklicherweise nicht sauer zu sein. Alle Leute in der Kirche waren jetzt so froh und sorglos, dass Ella ganz warm ums Herz wurde. Wenn so viele Menschen auf einmal glücklich waren, dann musste es ein wunderschöner Tag sein, dachte Ella. So wie sie es heute Morgen schon geahnt hatte.

Katharina Laukemper wurde 1994 in Beckum, NRW, geboren. Für ihr Biologie- und Sportstudium für gymnasiales Lehramt zog sie dann 2013 in die wunderschöne Stadt Münster. Neben Singen, Instrumenten Klänge entlocken und in Musicals auf der Bühne schauspielern, stellt für sie das Schreiben eine faszinierende Lebensgestaltung dar. Mit Gedanken und Worten jonglierend neue Welten und Figuren zu erfinden und die Grenzenlosigkeit der Fantasie erleben zu dürfen, bereiten ihr sowohl Freude als auch eine wundersame Zufriedenheit.*

Marie Leinpinsel

Wie es zu den Noten kam

Es war einmal eine kleine Note. Ihr Name lautete A. Sie hatte einen kleinen Bruder namens As und eine große Schwester, die Ais hieß. Alle drei konnten einen wundervollen, glockenklaren Ton singen, jedoch nur einzeln, da die drei Töne zusammen sehr schief klangen. Und so hörte man immer nur eine von ihnen.

Irgendwann fragte sich A jedoch:
„Warum jeden Tag,
obwohl singen ich doch mag?
Doch ich will etwas anderes mal erleben,
sollte ich danach streben?
Liebe Schwester, sag du es mir,
soll ich gehen oder bleib ich hier?"

„Meine liebe Schwester, das weiß ich nicht,
höre auf dich und folge dem Licht!"

Und so machte sich die kleine Note auf den Weg, um etwas Neues zu entdecken. Sie wanderte lange und weit und fand etwas Unglaubliches. Zuerst hörte sie es ... einen wundervollen Ton. Danach erblickte sie es. Es war eine kleine Note!

„Stark und hell und glockenklar,
dein Ton, der klingt ganz wunderbar!"

Da hörte die andere Note auf und drehte sich erstaunt um.
„Nanu,
wer bist denn du?
Sag mir,
bist du etwa von hier?"

„Nein, ich komme nicht von hier,
ich bin weit gereist und jetzt bin ich bei dir."

Die andere kleine Note lachte erfreut und stellte sich vor:
„Ich bin C."

„Nun gut, C, verrate mir,
hast du Geschwister bei dir?"

C erzählte der Note A, dass sie einen kleinen Bruder, Ces, und eine große Schwester namens Cis habe. Sie gingen gemeinsam zu den beiden. C erzählte auf dem Weg, dass sie und ihre beiden Geschwister nie zusammen singen konnten, da es immer furchtbar schief klänge.

Darauf antwortete A:
„Oh nein,
das kann doch nicht sein!
Bei uns ist es gleich,
wenn wir singen, ist es schief und nicht ertragreich."

C und A unterhielten sich noch eine Weile, bis sie bei Cs Geschwistern ankamen. Diese wollten natürlich gleich wissen, wer die kleine Note neben ihrer Schwester war, und so stellte C ihnen A vor. Die Geschwister waren sehr aufgeregt, da sie noch nie eine andere Note getroffen hatten.

Doch nach einer Weile meinte A:
„Es tut mir sehr leid,
doch ich bin noch nicht sehr weit.
Ich möchte weitergehen
und noch sehr viel mehr sehen."

Da waren C, Cis und Ces sehr traurig und C entschloss sich, mit der kleinen Note A mitzugehen. Sie verabschiedeten sich und machten sich auf den Weg. Nach einer ganzen Weile hörten sie plötzlich viele Töne. Manche klangen gut, manche waren sehr schief. A und C schauten sich aufgeregt und erwartungsvoll an. Als sie um die Kurve bogen, sahen sie es. Ganz viele Noten sprangen auf einer Wiese umher und trällerten ihren Ton vor sich hin. Die beiden kleinen Noten hatten noch nie erlebt, dass so viele Töne gleichzeitig in der Luft hingen und es niemanden störte, wenn es schief klang. Voller Erwartung liefen sie auf die Wiese und sangen mit. Doch plötzlich verstummten alle.

„Was hören wir da?
Hurra, hurra!
Zwei neue Töne haben wir jetzt,
sind wir dann voll besetzt?"

So ging es noch eine ganze Weile. Kurz darauf fingen alle an, sich gegenseitig vorzustellen. Da gab es D, E, F, G und H mit ihren Geschwistern. Im Anschluss sagten A und C, wie sie hießen und dass sie ebenfalls Geschwister hätten. Nach dieser Nachricht waren die Noten sehr aufgeregt, da sie alle gerade erst erfahren hatten, dass es so viele von ihnen gab.

Einige Zeit später beschlossen sie, gemeinsam loszuziehen und die Geschwister von A und C abzuholen, und kaum waren sie losgewandert, erklangen auch schon die ersten Töne. Nachdem sie endlich vollzählig waren, wollten sie von nun an auf ewig zusammenbleiben und singen.

Doch plötzlich hörten sie leise Schritte, die immer näher kamen. Erschrocken versteckten sich die kleinen Noten. Kurze Zeit später entpuppten sich die Schritte als die eines jungen Wandersmanns, der entschlossen den Weg entlangmarschierte.

Erleichtert kamen die kleinen Noten wieder aus ihren Verstecken, als der Wandersmann zu ihnen sagte: „Was seid denn ihr?"

Darauf antworteten die Noten empört: „Du kennst uns nicht?"

„Nicht, dass ich wüsste. Obwohl der Meister meint, es gäb kleine schwarze Wesen mit wundervollen Stimmen." Plötzlich riss er seine Augen auf. „Seid ihr etwa die kleinen Noten?"

„Ja, wir sind's."

Da bat der junge Mann um eine Kostprobe ihrer wundervollen Töne. Dies ließen sich die Noten nicht zweimal sagen und sangen drauflos. Es erklangen zwar manchmal wunderschöne Töne, doch oft kamen auch schiefe Klänge zum Vorschein.

„Oh ja, schöne Stimmen sind das wahrhaftig, doch wenn ihr zusammen singt, klingt es gar schief. Ich will euch helfen", sprach der Wandersmann, zeigte auf eine kleine Note und meinte, sie solle singen.

Nachdem er sich alle einzeln angehört hatte, sortierte er sie nach Klängen und so entstand die erste chromatische Tonleiter.

Nach diesem Zusammentreffen waren die kleinen Noten sehr aufgeregt und probierten sehr lange aus, welche Note mit welcher anderen gut zusammenpasste. Für die verschiedenen zusammen erklingenden Töne dachten sie sich Namen aus. So entstanden zum Beispiel die Prime, die Terz und noch viele andere.

Einige Jahre später waren die kleinen Noten und der Wandersmann sehr gute Freunde geworden. Bei einem Treffen wollten die Noten ihm eine Überraschung bereiten.

„Lieber Wandersmann,
du hast gelöst uns'ren schiefen Bann.
Dank dir klingt es gut
und wir haben neuen Mut.
So wollen wir dir danken
mit einem musikalischen Gedanken."

Und was der Wandersmann dann zu hören bekam, war einzigartig. Es war eine Mischung aus allen uns bekannten Musikrichtungen. Die kleinen Noten hatten es geschafft, als große Gemeinschaft ein eigenes Stück zusammenzustellen. Dies war die wunderbarste Melodie, die der Wandersmann je gehört hatte, sodass es ihm die Sprache verschlug.

Durch das Stück der kleinen Noten angeregt, dachte der Wandersmann sich eine Schreibweise aus, damit jeder später nach Noten spielen konnte. Dabei erfand er den Bass- und den Violinschlüssel, um die Noten bei ihrem gemeinschaftlichen Singen zu unterstützen.

Marie Leinpinsel ist 16 Jahre alt und wohnt in Hannover. Sie spielt seit mehreren Jahren Querflöte und Oboe und lebt ihre musikalische Leidenschaft in mehreren Orchestern und Ensembles aus. Das kreative Schreiben hat sie schon früh für sich entdeckt.

Yasmin Mai-Schoger

Bundesjugendspiele, hurra!

Noch zwei Wochen, dann war es endlich so weit. Die lang ersehnten Sommerferien. Pauline freute sich schon wahnsinnig darauf, doch bis dahin waren es wie gesagt noch ganze zwei Wochen. In dieser Zeit schrieb man keine Klassenarbeiten, dafür machte man oft Ausflüge und die Lehrer gingen mit der ganzen Klasse in die Eisdiele am Ende der Straße. Ihre Lieblingslehrerin, Frau Bichon, ging sogar zweimal mit ihnen dorthin. Eigentlich eine schöne Zeit. Wenn da nicht diese doofen Bundesjugendspiele wären ...

Pauline mochte die Bundesjugendspiele nicht. Jedes Jahr wurde wochenlang dafür trainiert und die sportlichsten Kinder in der Klasse, wie Moritz und Merle, konnten allen zeigen, wie schnell sie laufen konnten. Moritz und Merle bekamen jedes Jahr eine Ehrenurkunde, sie konnten nämlich nicht nur schnell laufen, sondern auch am weitesten springen und natürlich superweit werfen. Moritz hatte in seinem Zimmer schon vier Ehrenurkunden hängen, gleich neben den Urkunden und Medaillen vom Fußball und vom Karate. In Paulines Zimmer hingen keine Urkunden, sondern selbst gemalte Bilder und ein paar Fotos von ihrer Katze Krümel.

Schon jetzt sah Pauline den Bundesjugendspielen mit wenig Freude entgegen, sie würde wie immer die Letzte sein. Im letzten Jahr hatte sie auch noch aus Versehen den blöden Stab beim Staffellauf fallen lassen und alle hatten sie dafür verantwortlich gemacht, dass ihre Klasse am Ende verloren hatte. Der Staffellauf war am schlimmsten für Pauline. Während sie lief, schauten ihr ungefähr dreihundert Kinder zu, auch die ganzen Lehrer standen entweder am Start oder am Ziel. Für Pauline gab es nichts Schlimmeres. Nur die Vergabe der Urkunden am Ende der Bundesjugendspiele, die war noch schlimmer.

Es wussten doch ohnehin alle, wer eine Ehrenurkunde erhalten würde. Wer Glück hatte, bekam noch eine Siegerurkunde, und am Ende erhielten alle anderen Teilnahmeurkunden. Und Pauline wusste, welche Urkunde sie bekommen würde. Sie wusste schon jetzt, dass Frau Mondpichler alle einzeln aufrufen und ein paar Worte bei der Übergabe sagen würde. Für Pauline waren das meistens eher weniger freundliche Worte.

Das ganze Wochenende dachte Pauline an nichts anderes als an den bevorstehenden Dienstag, und das, obwohl ihre Freundin an demselben Tag Kindergeburtstag feiern würde. Sie konnte sich gar nicht richtig darauf freuen. Den ganzen Montag überlegte sie, ob es nicht besser sei, zu Hause zu bleiben, aber das würde ihre Mutter niemals zulassen.

Am Morgen der Bundesjugendspiele stand sie missmutig auf, schaute aus dem Fenster und hoffte kurz, dass es Regen geben würde, aber stattdessen sah sie einen strahlend blauen Himmel und kein einziges Wölkchen. Mist. Die Bundesjugendspiele würden stattfinden.

Lustlos ging Pauline auf den Sportplatz. Alle Klassenkameraden waren schon vor Ort und standen an der Tribüne, um sich in Gruppen aufteilen zu lassen. Es gab zwei Gruppen, die Mädchen für sich und die Jungen für sich – wie immer. Pauline ging mit den Mädchen zum Weitsprung und wartete eine gefühlte Ewigkeit, bis sie springen durfte, während die Jungs, die eigentlich erst später dran waren, ständig nur Blödsinn machten. Einige der Mädchen konnten es wohl nicht erwarten, endlich springen zu dürfen, und drängelten ständig, dabei war es zwecklos, sie sprangen der Reihe nach, nach dem Alphabet. Und Pauline war wie immer eine der Letzten. P wie Pauline. P wie Peters.

Vor ihr sprang Merle – natürlich am weitesten. Jeder war dreimal dran, jedes Mal sprang Merle noch ein bisschen weiter.

Dann war Pauline an der Reihe. Sie nahm Anlauf, sprang genau vom Brett ab und war gar nicht so schlecht, jedoch leider nur mit dem rechten Fuß, der linke war viel weiter hinten und so kam sie nur knapp über 1,50 Meter. Auch die nächsten beiden Sprünge waren nicht viel besser. Ihre Freundin Antonia schaute betreten zur Seite und tat, als wenn sie die schlechten Sprünge nicht gesehen hätte.

Nachdem die Lehrerin die Werte in die Klassenliste eingetragen hatte, gingen die Mädchen gemeinsam zum Werfen. Mittlerweile war es so warm, dass Pauline fast schwindelig wurde.

Als Erstes war Anna dran, die ungefähr so weit warf wie Pauline in den Sportstunden davor. Auch Antonia warf nicht viel weiter. Die beiden hatten ebenso wenig Freude an den Bundesjugendspielen. Nur Merle war mal wieder so gut, dass sie über die letzte Linie hinauswarf.

Im gleichen Augenblick hörten sie das Jubeln der Jungs, Moritz war so weit gesprungen, dass er sich selbst lauthals feierte.

Pauline war nun mit dem Werfen dran. Der Schweiß lief ihr mittlerweile am Rücken hinunter. Wieso mussten diese blöden Bundesjugendspiele eigentlich immer im heißesten Monat stattfinden? Pauline warf so weit, wie sie nur konnte. Allerdings war das nicht allzu weit, sie mochte es nicht, wenn ihr alle zuschauten, und so warf sie noch schlechter als in den Unterrichtstunden davor.

Nun stand ihr also nur noch der 50-Meter-Lauf bevor. Jeweils zu dritt liefen sie nebeneinander, nach dem Alphabet aufgeteilt. Also musste sie mit Maren und Merle laufen, ausgerechnet den Schnellsten aus der Klasse.

Pauline war schrecklich aufgeregt, stellte sich am Start auf und wartete auf das Startsignal. *Peng* machte es und die drei Mädchen liefen los. Fehlstart, Maren war zu früh gestartet. Maren, Merle und Pauline mussten zurück zum Start. Bei Merle lachte niemand, wenn sie einen Fehlstart hinlegte.

Peng machte es und sie liefen erneut los. Merle war gleich nach vorn gesprintet, Maren kam kurz hinter ihr. Und Pauline? Pauline war ganz hinten und kam völlig aus der Puste ins Ziel, natürlich eine gefühlte Ewigkeit nach Maren und Merle, die schon am Rand bei Frau Mondpichler standen und das gute Ergebnis eintragen ließen.

Für Pauline hatte Frau Mondpichler nur ein „War doch gar nicht so schlecht" übrig.

Jetzt war eine kleine Pause angesagt. Alle Kinder warteten auf den Höhepunkt der Bundesjugendspiele, den Staffellauf. Die Schüler aus den verschiedenen Jahrgangsstufen traten gegen die jeweiligen Parallelklassen an. Bestimmt 20 oder 30 Minuten musste Pauline in der heißen Sonne warten, bis endlich alle Kinder geworfen hatten, gelaufen oder gesprungen waren. Wieder viel Zeit, um zu schubsen, zu drängeln und Blödsinn zu machen. Und Frau Mondpichler lief die ganze Zeit aufgeregt hin und her und versuchte, die lebhaften Kinder unter Kontrolle zu bringen. Aber irgendwer machte immer irgendwas, was er nicht machen sollte, und so schimpfte Frau Mondpichler die meiste Zeit. Manchmal, wenn es ihrer Ansicht nach zu wild wurde, pfiff sie auch auf ihrer Trillerpfeife und hoffte, dass das helfen würde.

Endlich war es so weit, Paulines Klasse war an der Reihe. Die ganze Klasse stellte sich hintereinander auf und dann ging es los. Zuerst liefen Anton, Alexander und Arne – Alexander hatte einen guten Vorsprung für Paulines Klasse herausgeholt. Nach dem zehnten Läufertrio fiel die Klasse 4c zwar ein wenig zurück, aber Merle holte das locker wieder rein und Moritz baute den Vorsprung sogar noch weiter aus.

Gleich war Pauline an der Reihe. Hoffentlich verlor sie diesmal nicht wieder den Stab. Hoffentlich machte sie keinen Fehlstart wie Julian. Pauline war schrecklich nervös. Und als Frau Möncke-Schulz sie auch noch darauf hinwies, dass sie richtig aufpassen solle, damit sie nicht wieder den Stab verlöre wie im letzten Jahr, wäre Pauline am liebsten davongelaufen.

Doch in diesem Moment kam Oliver angerannt, Pauline sprintete los und übernahm den Stab, diesmal ohne Probleme. Sie lief, so schnell sie konnte, allerdings konnte sie nicht ganz so schnell wie viele ihrer Klassenkameraden. Sie nahm das Grölen und Schreien am Rand kaum wahr. Die anderen Läufer kamen ihr immer näher, bis auf Ulf, der war irgendwie schon an der Startlinie an ihr vorbeigesaust.

Mit schrecklichem Herzrasen und völlig außer Atem kam sie ins Ziel. Dank des großen Vorsprungs, den Merle und Moritz herausgeholt hatten, war sie als Vierte ins Ziel gelaufen. Pauline war zufrieden, aber ihre Klassenkameraden schimpften laut.

Pauline legte sich ins Gras und ließ sie schimpfen. Sie war zufrieden. Und sie war glücklich! Nicht, weil sie Vierte geworden war, sondern weil die Bundesjugendspiele nun zu Ende waren. Und das Beste daran war, dass es bis zu den nächsten Bundesjugendspielen noch ein ganzes Jahr dauern würde.

Sie lehnte sich entspannt zurück und las in ihrem neuen Buch, einem weiteren Band über ihre geliebten Harznoks. Und sie freute sich auf ihre neue Schule, denn an der Peter-Lustig-Schule fanden die Bundesjugendspiele nur in den Klassen fünf und sechs statt, das bedeutete für Pauline, sie musste nur noch zweimal daran teilnehmen.

Sie atmete entspannt durch und ging nach Hause. Am Nachmittag ging Pauline gut gelaunt auf den Kindergeburtstag.

Yasmin Mai-Schoger *wuchs in der idyllischen Bergstadt Wildemann im Harz auf und lebt seit ihrem Studium mit ihrer Familie in Baden-Württemberg. An ihrem Tisch sitzt immer eine Handvoll Kinder und so ist es kaum verwunderlich, dass sie ihre Erzählungen irgendwann zu Papier gebracht hat. Normalerweise verfasst sie Gedichte über die alltäglichen Dinge des Lebens. Ihre neueste Leidenschaft sind Kindermärchen, zurzeit schreibt sie an einer neuen Geschichte über die Harznoks.*

Marion Philipp

Ein Spaziergang durch den Regenbogen

Wie so oft sah man Marie, Anna und Moritz auf der großen Wiese hinter dem Haus spielen. Schon im Kindergarten waren sie befreundet gewesen. Nun gingen sie bereits seit zwei Jahren zur Schule, sogar in dieselbe Klasse. Marie und Anna saßen nebeneinander. Moritz eine Bank dahinter.

Moritz war lieber mit Mädchen zusammen. Fußball spielen oder gar auf Bäume klettern war ihm zu gefährlich, denn er war sehr ängstlich. Spannend fand er, was in der Natur passierte. Oftmals sah man ihn auf der Wiese Tiere beobachten. Auch Blumen untersuchte er sehr genau.

Heute war ein komischer Sommertag. Das Wetter war alle Augenblicke anders. Zuerst Sonnenschein, dann Regen und schon wieder schien die Sonne. Aprilwetter nannte man das, denn so launisch ging es überwiegend im April zu. Einen Regenbogen hatten sie bereits gesehen. Ihre Schwärmerei über seine Schönheit hatte sich gerade gelegt, als sich erneut ein Regenbogen am Himmel bildete. Voller Spannung verfolgten die drei seine Entstehung. Beinahe zeitgleich bemerkten sie, dass der Regenbogen auf ihrer Wiese endete. Es kam aber noch viel besser, denn sie erkannten, dass sie im grünen Licht standen.

Moritz reagierte als Erster. „Mädels", rief er, „spinn ich? Alles ist grün. Wo sind die bunten Blumen geblieben?"

„Ach du Schreck!", stieß Anna hervor. „Jetzt erkenne ich es auch." Und sie ließ sich ins Gras plumpsen.

Marie und Moritz hockten sich zu ihr. Fragend blickten sie sich um. Alles, was sie sahen, war grün. Es sah zwar aus wie in ihrer Welt, doch wo war das, was rot, gelb, orange, blau und lila war?

Plötzlich sprang Moritz hoch und meinte: „Ich glaube, ich weiß, warum wir die anderen Farben nicht sehen. Wartet einen Moment, ich bin gleich wieder da."

Marie und Anna blieben wie angewurzelt sitzen und starrten Moritz hinterher, denn dieser lief zur gelben Farbe des Regenbogens. Gelb war die Farbe neben Grün.

„Verstehst du das?" Anna schaute Marie fragend an.

„Vielleicht. Lass uns auf Moritz warten, ich ahne, was er meint. Wir haben vor einiger Zeit mal was über den Regenbogen in der Sendung mit der Maus gesehen."

In der Zwischenzeit hatte es aufgehört zu regnen und die Farben des Regenbogens verblassten. Als sie kaum noch sichtbar waren, kehrte Moritz ziemlich aufgedreht zurück und rief schon von Weitem: „Ihr glaubt nicht, was ich erlebt habe. Ich glaube es ja selber kaum. Bitte nichts fragen! Beim nächsten Regenbogen will ich mich vergewissern, ob das, was ich bei Gelb und Grün beobachtet habe, für alle Farben gilt. Ich werde es noch einmal genau unter die Lupe nehmen, bevor wir mehr über das Wunder der Farben wissen."

„Du machst es aber spannend", stieß Anna hervor.

„Angeber", flüsterte Marie.

Trotzig erwiderte Moritz: „Das muss leider so sein." Dann guckte er Marie an und fragte: „Erinnerst du dich an die Sendung mit der Maus, in der erklärt wurde, wo die Farben herkommen?"

„Ja, an die Sendung schon, doch erklären könnte ich es nicht."

„Schade, macht aber nichts. Dann brauche ich erst recht noch mal einen Regenbogen, um ganz sicher zu sein, dass meine Theorie stimmt. Wer von euch hätte Lust, mit auf die spannendste Entdeckungsreise aller Zeiten zu gehen?"

„Wie meinst du das?", wollte Anna wissen.

„Na ja, wir würden einmal durch alle Farben gehen und sehr genau darauf achten, was wir sehen."

„Ich weiß nicht", sagte Anna, „ist das nicht gefährlich?"

„Nein, gar nicht", erwiderte Moritz. „Mir ist doch eben auch nichts passiert."

Marie zog Anna zu sich heran und flüsterte: „Wir müssen mitmachen, der kann uns ja sonst was erzählen." Anna nickte und lächelte ihrer Freundin zu, dann streckten sie Moritz die Hand entgegen und willigten ein.

„Prima, jetzt brauchen wir nur noch einen Regenbogen." Moritz strahlte. „Was habe ich doch für tolle Freundinnen."

An diesem Tag warteten sie vergebens auf einen Regenbogen. Das Wetter hatte sich beruhigt. Die Sonne schien aus einem wolkenlosen Himmel und die Welt um sie herum war herrlich bunt. Die nächsten Tage sahen nicht anders aus. Für Moritz eine Katastrophe. Egal, wo sie waren, alle Augenblicke guckte er, ob sich Wolken am Himmel bildeten.

Und dann war es endlich so weit. Der Wetterbericht kündigte Sonnenschein mit gelegentlichen Regenschauern an, also genau das Wetter, auf das Moritz so sehnsüchtig wartete.

Es war Sonntagnachmittag. Marie, Anna und Moritz spielten wieder auf ihrer Lieblingswiese, als es zu regnen begann. Die Sonne war noch sichtbar und Moritz brüllte: „Endlich, es geht los, seht, es bildet sich ein Regenbogen, sogar ein wunderschöner, so leuchtende Farben sieht man nicht immer." Auch heute endete er auf der Wiese, doch diesmal standen sie im roten Licht. Moritz schrie: „Jetzt muss es schnell gehen, wir machen alles wie besprochen."

Schweigend fassten sie sich an den Händen und marschierten sehr aufmerksam zuerst durch das rote, dann weiter durch das orange, gelbe, grüne, blaue und lila Licht. Wieder im weißen Licht angekommen, warfen sie sich ins Gras. Marie machte vor Freude Purzelbäume, Anna schlug ein Rad und juchzte, während Moritz lachend den beiden zusah.

„Geschafft", sagte er strahlend, nachdem sich die Mädchen zu ihm gesetzt hatten.

„Das war toll", meinte Marie. Anna stimmte ihrer Freundin zu.

Moritz sagte: „Ich will zuerst erzählen, was ich gesehen habe."

„Immer bist du Erster", meckerte Anna und zog einen Flunsch.

„Recht hat sie", bekräftigte Marie. „Ich finde, dass diesmal Anna anfängt, danach komme ich und dann erst du."

„Dann bin ich ja Letzter", maulte Moritz.

„Ja, genau. Dann kannst du mal sehen, wie es ist, immer Letzter zu sein", stieß Anna hervor, „denn meistens bin ich das."

„Jetzt bloß keinen Streit", meinte Moritz beschwichtigend. „Dann bin ich eben Letzter." Stumm nickte er Anna zu, damit sie anfing.

Etwas unbeholfen nuschelte Anna: „Also, ich hoffe, ich kann es so schildern, dass ihr versteht, was ich meine."

„Nun fang schon endlich an", rief Moritz, „dein Getue hält ja kein Mensch aus." Beleidigt drehte sich Anna um. Als sie hochspringen wollte, griff er nach ihrem Arm und zwang sie zum Sitzenbleiben. „Ich platze bald vor Neugierde, erzähl doch einfach, was du gesehen hast", meinte Moritz versöhnlich.

„Also gut ", begann Anna, „zuerst standen wir ja im roten Licht. Da war alles rot. Und das meiste bloß schemenhaft zu erkennen. So wie im Nebel. Richtig deutlich sah ich nur ein paar rote Blumen. Das waren Blumen, die in Wirklichkeit auch rot sind. Bei orange, gelb, blau und lila war es das Gleiche. Richtig toll war es im grünen Licht. Alles war leuchtend grün. Hier waren es die bunten Blumen, die nur schemenhaft zu erkennen waren. Ich habe also jedes Mal alles in der Farbe gesehen, von der ich gerade umgeben war. Klar und deutlich war immer das, was auch in Wirklichkeit rot, orange, gelb, grün, blau oder lila ist. Alles andere war immer nur schemenhaft zu erkennen. Ich glaube, ich habe jetzt kapiert, wie das mit den Farben geht."

Moritz klatschte Beifall und sagte: „Das hätte ich nicht besser machen können. Von mir kriegst du eine Eins." Dann guckte er zu Marie und fragte: „Hast du noch was anderes beobachtet?" „Nein, aber ich würde gern genauer wissen, warum das so ist."

„Das versuche ich rauszukriegen", warf Moritz ein. Die beiden Mädchen nickten.

Am nächsten Tag in der Schule fragte Marie Moritz: „Weißt du schon, warum das mit den Farben so ist?"

Moritz guckte verlegen auf den Boden und sagte: „Es tut mir leid, Mädels, aber ich habe das, was ich nachgelesen habe, nicht richtig verstanden. Ich kann es euch nicht erklären."

„Macht nichts", tröstete Anna ihn, „sei nicht traurig. Irgendwann lernen wir es bestimmt in der Schule."

Moritz sah sie dankbar an und dann schwärmten sie von ihrem Spaziergang durch den Regenbogen.

Marion Philipp ist 1947 in Hamburg geboren. Heute lebt sie in Winsen (Luhe). Seit fast 20 Jahren schreibt sie Lyrik und Kurzgeschichten. Einige davon sind in verschiedenen Anthologien nachzulesen. Viel Freude bereiten ihr Lesungen. Auch das Fotografieren gehört zu ihren Hobbys.

Susanne Matz

Als Tom seinen Schwestern eins auswischen wollte …

Toms Schwestern Emma und Lina sind Zwillinge und haben in einer Woche Geburtstag. „Wir werden zehn", verkündet Emma nun schon zum dritten Mal, während sie am Küchentisch sitzen und auf das Mittagessen warten. Lina nickt bestätigend.

„Das stimmt gar nicht", sagt Tom von oben herab und macht sich in seinem Stuhl noch ein bisschen größer. „Ihr werdet erst fünf Jahre alt."

„Doch, stimmt wohl", entgegnet Emma unbeeindruckt. Und wie auf ein geheimes Zeichen hin streckt jeder der Zwillinge eine Hand in die Höhe.

„Fünf Finger und fünf Finger sind zehn", sagt Lina und lässt ihre Finger triumphierend vor Toms Nase zappeln.

„Dann sind wir älter als du", fügt Emma hinzu und grinst frech.

Tom schnaubt und will etwas erwidern, als Mama eingreift. „Nun gebt mal Ruhe, ihr drei. Jetzt gibt es Essen und danach wollen wir die Einladungskarten für den Geburtstag fertig machen." Mama stellt die Schüssel mit dem dampfenden Nudelauflauf auf den Tisch und füllt den Mädchen die Teller.

Tom kann das mit seinen neun Jahren schon selber. Für einen Moment vergisst er den Ärger mit seinen Schwestern. Er überlegt, wo er den Löffel in den Auflauf tauchen soll, um besonders viel zerlaufenen Käse und knusprige Nudeln zu erwischen. Nudelauflauf ist noch vor Pizza und Pfannkuchen sein absolutes Lieblingsgericht.

In der nächsten Viertelstunde herrscht friedliche Ruhe am Küchentisch. Emma, Lina, Tom und sogar Mama sind mit genüsslichem Kauen beschäftigt.

„Hast du Hausaufgaben auf?", fragt Mama, als Tom gerade den Rest des Auflaufs aus der Schüssel kratzt und ihn sich in den Mund schiebt.

„Nisch wirklisch, isch ...", nuschelt er.

„Schluck erst mal runter, man versteht ja gar nichts", unterbricht ihn Mama und räumt dabei die Teller ab.

Tom gehorcht und spült mit einem großen Schluck Apfelsaft nach. „Ich gehe nachher zu Niklas. Wir sollen verschiedene Blätter sammeln."

„Für euer Waldprojekt?", fragt Mama.

„Ja. Mit den Blättern wollen wir morgen in der Schule bestimmen, welche Bäume im Schulwald wachsen."

„Dürfen wir mit und dir helfen?", fragt Lina.

„Oh ja, bitte, bitte", bettelt Emma.

„Nein", sagt Tom, „das ist eine wichtige Projektaufgabe und nichts für kleine Mädchen." Er hat keine Lust, seine Schwestern mitzuschleppen. Niklas fände das bestimmt auch doof. Außerdem hat er noch nicht vergessen, dass ihn die beiden vorhin geärgert haben.

„Wir sind gar nicht mehr klein. Wir werden doch zehn", wendet Lina ein.

Und Emma schiebt nach: „Das haben wir dir doch erklärt. Hast du wohl nicht kapiert." Sie streckt Tom die Zunge raus. Sofort macht Lina ihr das nach.

Geht das schon wieder los ... Tom hasst es, wenn sich seine Schwestern zusammentun, um ihn zu ärgern. Das machen sie oft und er fühlt sich dann ausgeschlossen. Am liebsten würde er die beiden anbrüllen, damit sie zugeben, dass sie erst fünf Jahre alt werden. Aber das gäbe nur Stress mit Mama. Er presst die Lippen fest aufeinander und starrt an die Decke, um nicht zu explodieren.

Mama, die das Geschirr in den Geschirrspüler geräumt hat, dreht sich zu ihnen um. „Jetzt", hofft Tom, „jetzt werden die Zwillinge zurechtgewiesen."

Doch Mama drückt Emma nur den Wischlappen in die Hand und sagt: „Du wischst den Tisch ab und, Lina, du holst die Einladungskarten und die Liste mit den Namen aus dem Wohnzimmer."

„Wir werden zehn, wir werden zehn", singt Lina auf dem Weg ins Wohnzimmer und hüpft dabei von einem Bein auf das andere.

Tom kann vor Wut kaum noch an sich halten. Da kommt ihm plötzlich eine Idee, wie er seinen frechen Schwestern eins auswischen kann. „Mama, kann ich die Karten für dich schreiben?", fragt er mit seiner liebsten Stimme. Mama guckt ihn erstaunt an. „Dann hast du Zeit, dich auf dem Sofa auszuruhen", fügt Tom schnell hinzu. Er hat Angst, dass sein Plan misslingen könnte.

„Das willst du wirklich für mich tun?", fragt Mama. Tom nickt heftig. „Wie lieb von dir." Mama streichelt ihm über den Kopf. „Ich schreibe dir auf, was du in die Karten eintragen musst. Und ihr", sagt sie zu den Zwillingen, „setzt euch brav zu Tom und unterschreibt zum Schluss." Emma und Lina sind nämlich ganz stolz, dass sie schon ihre Namen schreiben können.

Einträchtig sitzen die drei anschließend am Küchentisch. Tom beschriftet die vorgedruckten Karten mit seiner schönsten Schrift. Nach jeder Karte streicht er sorgfältig den Namen des eingeladenen Mädchens von der Liste. Seine Schwestern warten geduldig, bis sie dran sind, um in großen Buchstaben ihre Namen auf jede Karte zu schreiben. Tom lacht schadenfroh in sich hinein, denn die beiden können nicht lesen, was er eigenmächtig hinzugefügt hat.

Zum Schutz der Wälder bitte kein Geschenkpapier. Das hat er auf jede Karte geschrieben.

In der Schule haben sie darüber gesprochen, dass die Wälder in Gefahr sind. Es werden zu viele Bäume gefällt, um Papier aus ihnen herzustellen. Deshalb will Tom nur noch Schulhefte, die aus Altpapier gemacht sind.

„Man muss Opfer für die Umwelt bringen", hat auch Papa gesagt, als Mama nicht mehr das weiche weiße Klopapier, sondern das graue Umwelt-Klopapier gekauft hat.

Seine Schwestern können ruhig auch etwas für die Wälder tun und auf Geschenkpapier verzichten, findet Tom. Er stellt sich Emmas und Linas entsetzte Gesichter vor, wenn es bei ihrem Geburtstag kein rosa Glitzerpapier zum Auspacken gibt.

Die ahnungslosen Zwillinge schieben die fertigen Karten in die Briefumschläge. Tom klebt sie schnell zu, damit Mama keinen Blick mehr darauf werfen kann.

Schließlich ist der ersehnte Geburtstag da. Emma und Lina hüpfen vor Aufregung wie zwei Flummis auf und ab. Gleich kommen ihre Freundinnen und bringen Geschenke mit.

Tom hat sich in sein Zimmer verkrümelt. Er ist sich nicht mehr sicher, ob das mit dem Geschenkpapier eine gute Idee war. Bestimmt werden seine Schwestern zu weinen anfangen, wenn sie nur unverpackte Geschenke bekommen. Auch wenn er sie manchmal zum Mond schießen könnte, fühlt er sich bei dieser Vorstellung ganz schlecht. Sicher wird rauskommen, dass alles seine Schuld ist.

Es klingelt und die Haustür wird geöffnet. Tom hört aufgeregte Mädchenstimmen und dazwischen Mamas Stimme. Er spitzt die Ohren, kann aber nicht verstehen, was gesprochen wird. Vielleicht ist jetzt schon alles rausgekommen. Tom wird ganz flau im Magen.

Als Nächstes hört er Schritte, die sich seinem Zimmer nähern. Tom sitzt wie gelähmt auf seinem Bett. Die Tür öffnet sich und Mama steckt den Kopf herein. „Tom, kommst du? Emma und Lina packen gleich aus und danach gibt es die Geburtstagstorte", sagt Mama und ist schon wieder weg.

Tom atmet erleichtert aus. Er hat gar nicht gemerkt, dass er die Luft angehalten hat. Mit langsamen Schritten geht er Richtung Wohnzimmer und bleibt unsicher im Türrahmen stehen.

Auf dem Sofa thronen seine Schwestern wie zwei Prinzessinnen und sehen kein bisschen traurig aus. Die eingeladenen Freundinnen sitzen wie ein Hofstaat um sie herum und warten darauf, die Geschenke überreichen zu können. Tom bekommt vor Staunen ganz große Augen. Die Geschenke sind tatsächlich nicht in Geschenkpapier eingewickelt, aber trotzdem verpackt.

Als Erstes bekommen die Zwillinge Marmeladengläser geschenkt, die mit Tuschfarbe bunt angemalt sind. Neugierig schrauben Emma und Lina die Deckel auf. Im Inneren der Gläser ist natürlich keine Marmelade, stattdessen für jede ein Armband aus rosa Perlen. Danach erhalten beide einen Stoffbeutel, auf dem ihr Name steht. Die Henkel sind zu einer Schleife gebunden, sodass man nicht hineinsehen kann.

Tom achtet nicht mehr darauf, was in den Beuteln ist. Er hat nur noch Augen für die ungewöhnlichen Verpackungen der Geschenke. Es gibt Holzschachteln, die mit Pferdestickern beklebt sind, und gehäkelte Mützen, die mit vielen kleinen Wäscheklammern zusammengehalten werden. Am besten gefallen Tom die Kokosnussschalen, die sich wie ein großes Überraschungsei öffnen lassen.

Emma und Lina strahlen, weil sie so viel bekommen haben. Die Verpackungen haben sie mit zu den Geschenken auf den Geburtstagstisch gelegt.

Mama hat sich neben Tom gestellt und flüstert ihm ins Ohr: „Die Mütter von Emmas und Linas Freundinnen waren ganz begeistert von deiner Idee, auf Geschenkpapier zu verzichten. Und ich bin es auch. So haben wir diesmal gar keinen Müllberg aus Papier."

„Hab ich für die Wälder gemacht", sagt Tom möglichst cool. Mama soll nicht merken, wie erleichtert er ist.

„Gut gemacht, mein Großer. Zu deinem Geburtstag kannst du das auch auf die Einladungskarten schreiben."

„Klar, mach ich", antwortet Tom und kommt sich sehr erwachsen vor.

Susanne Matz, Jahrgang 1964, hat zwei inzwischen erwachsene Kinder und lebt mit ihrem Mann an der Kieler Förde. Um den unterschiedlichen Bedürfnissen von Herz und Verstand gerecht werden zu können, hat sie nach einigen Jahren als Bankkauffrau nicht nur Wirtschaft, sondern auch Literatur studiert. Seit 1994 ist sie als Lehrerin an einer berufsbildenden Schule tätig und liebt die Arbeit mit jungen Menschen. Sie hat bereits erfolgreich an Literaturwettbewerben teilgenommen und Kurzgeschichten in verschiedenen Anthologien veröffentlicht. Weitere Informationen zur Autorin unter: www.susannematz.de.

Carina Isabel Menzel

Friedas Heimkehr

Schreiben ist die Kunst, Träume in Worte zu fassen.

Und sie zu lesen wiederum ist die Kunst, selbst mit offenen Augen bei strahlendem Sonnenschein, mit einem Lächeln auf den Lippen oder Tränen in den Wimpern, zu träumen, diese Träume, die doch für jeden etwas anderes bedeuten.

Das pflegt meine Großmutter zu sagen und es dauerte eine Weile, bis ich verstand, was sie damit meinte.

Bücher, sie sind etwas ganz Besonderes, das wollte Oma mir damit mitteilen und sie muss es ja wissen, leitet sie doch eigentlich schon immer die winzige Buchhandlung in der Schillerstraße, die, eingequetscht zwischen einem Kaufhaus und einer Touristeninformation, normalerweise jeder vorbeieilende Passant übersehen müsste. Und doch kennt Oma jeden und jeder kennt Oma und ihre ganz besonderen Bücher, ihre ganz besonderen Empfehlungen und die gemütliche Buchhandlung, in der immer ein Sessel frei ist zum Niederlassen, in der es immer nach süßen Teeblättern und Omas wunderbaren Zimtkeksen duftet. Ich liebe diese Buchhandlung, genau wie jeder andere Mensch in dieser kleinen Stadt. Jeder Mensch und was sonst noch so hier lebt.

Das gerahmte Foto von Frieda hängt direkt über dem Verkaufstresen, sodass auch wirklich jeder in ihre sanften grünen Augen blicken muss, wenn er den Laden nicht ohne ein Buch verlässt, denn irgendein Buch gibt es immer in dieser scheinbar magischen Welt der Worte, das den Besucher anzieht und nicht mehr loslässt, bis er verspricht, ihm ein neues Zuhause zu schenken.

Als ich kleiner war, ließ ich mir jeden, wirklich jeden Tag die Geschichte von Frieda erzählen und mit jedem Mal wurde sie noch ein kleines bisschen schöner.

Frieda war nicht einfach nur eine Katze. Eine Katze ist nie einfach nur irgendeine Katze, jede birgt etwas Geheimnisvolles,

Mystisches und Starkes, aber dennoch Liebevolles und Zartes in sich und Frieda war da nicht anders.

Niemand wusste, woher sie kam und wohin ihre Reise sie eines Tages führen würde, doch sie schien verweilen zu wollen und dafür hatte sie sich einen Platz ausgesucht, an dem das Leben nur so tanzte, an dem sie lächelnden Gesichtern und jauchzenden Kindern begegnete und sich dennoch, wenn ihre Pfoten einmal schwer wurden, in der Geborgenheit eines kühlen Schattens niederlassen und die wissbegierigen Augen einmal schließen konnte.

Tag für Tag lief sie durch die Schillerstraße, sprang mal hier, mal dort den Passanten vor die Füße, tapste durch Pfützen und wälzte sich im Laub der Herbstblätter. Und doch schien sie eines Tages des Streunerlebens, des ständigen Jagens und Laufens überdrüssig zu sein. Ja, sie schien sich nach einem Zuhause zu sehnen, und das muss der Tag gewesen sein, an dem sie zum ersten Mal das Köpfchen durch Uromas Ladentür steckte.

Und Oma, die damals noch ein kleines Mädchen gewesen war, sprang sofort auf, lief zu ihr, drückte sie und rief: „Oh, Mutter, schau nur! Eine Katze!"

Und Frieda schien es zu gefallen, sie kam immer und immer wieder, beinahe jeden Tag. Anfangs war Uroma noch misstrauisch, war Frieda doch immerhin eine fremde Katze ohne Halsband oder Marke, aber Oma bettelte so lange, bis ihre Mutter nachgab und ihr ein paar Pfennig gab, um Frieda etwas zum Naschen zu kaufen. Die Leckereien gefielen ihr und sie kam sogar noch öfter, mehrmals am Tag, immer wieder. Und bald musste Uroma feststellen, dass Frieda auch ihrer Kundschaft gefiel, die Besucher blieben länger und spielten mit der aufgeregten Katze und Oma war so glücklich wie lange nicht mehr. Abends verschwand Frieda immer, machte sich auf zu ihrem geheimen Schlafplatz, welchen niemand kannte. Aber morgens drückte sie bereits vor der Öffnung ihr kleines Näschen an die Eingangstür, sodass Oma sie sogar noch begrüßen konnte, bevor sie zur Schule aufbrach.

Eines Tages, als die alte Frau Hahn von der Parfümerie gegenüber zu Besuch bei Omas Mutter war, kam Frieda hereinspaziert und Frau Hahn rief entzückt aus: „Ja, da bist du ja! Na, so was!"

Und dann erzählte sie Oma und Uroma, dass Frieda auch zu ihr kam und bei ihr die Kundschaft erfreute und dass sie auch bei dem jungen Fräulein Schäfer im Wäschegeschäft nebenan lebte. Uroma musste lachen und ab dem Tag bekam Frieda nicht mehr gar so viele Leckereien, wurde sie doch sicherlich bei Frau Hahn und Fräulein Schäfer ebenso verwöhnt.

So ging es beinahe zwei Jahre. Frieda steckte mal hier, mal dort den Kopf hinein in die Geschäfte und der grimmige Herr Mayer von der Metzgerei schräg gegenüber war ganz neidisch, schien Frieda doch nur die drei Geschäfte als ihr Zuhause zu akzeptieren, obgleich er immer wieder versuchte, sie mit Wurst in seinen Laden zu locken, um seine Kundschaft länger zu halten.

Nein, Frieda hatte ihren eigenen Weg gefunden und kam nicht davon ab. Bis zu dem Tag, an dem Fräulein Schäfer ihr Wäschegeschäft schließen musste, um sich um ihre kranke Mutter weiter draußen auf dem Land zu kümmern. Mit Tränen in den Augen saß sie bei meiner Uroma am Verkaufstresen und gestand ihr, Frieda würde nicht mehr von ihrer Seite weichen, seit sie den Anruf ihrer Mutter bekommen hätte, und Stunde um Stunde schlich sie um die bereits gepackten Koffer herum.

„Es scheint mir, dass sie spürt, was passiert ist", sagte sie traurig. „Fast, als wolle sie mir beistehen, als wolle sie mich begleiten, um meine arme Mutter aufzumuntern." Sie seufzte und senkte den Kopf. „Ich fürchte, sie lässt sich nicht davon abbringen, mitzukommen."

Oma, die hinten in der Ecke mit den Bilderbüchern saß, erstarrte. Die Nachricht schmerzte wie ein Dolch in ihrem Herzen. Frieda würde fortgehen, vielleicht für immer?

Oh, wie weh es ihr tat, sich von der geliebten Katze zu trennen, bitterlich weinte sie in dieser Nacht und noch bitterlicher, als Fräulein Schäfer am nächsten Morgen aufbrach und sie sich von Frieda verabschieden musste. Auch Uroma wischte sich die Augen. Und Frau Hahn. Und als das Taxi mit Fräulein Schäfer davonfuhr, fühlte Oma sich, als habe man ihr einen Teil ihres Herzens herausgerissen und mit Frieda auf Nimmerwiedersehen davongeschickt. Wie traurig und leer die Tage waren ohne die Katze. Wie seltsam still die Buchhandlung doch mit einem Mal erschien, wie unglaublich traurig Oma doch war!

Das Fräulein Schäfer schickte ihr Briefe und auch das ein oder andere Foto von Frieda und Oma freute sich, dass es dank der Katze Fräulein Schäfers Mutter wieder besser ging, aber dennoch vermisste sie Friedas weiches Fell, ihre grünen Augen, ihre gemeinsamen Stunden.

Doch die Zeit, sie heilt alle Wunden, und irgendwann schaffte Oma es, die wenigen Bilder von Frieda zu betrachten, ohne weinen zu müssen. Nein, da waren nun nur noch die schönen Erinnerungen und die Hoffnung, die Katze eines Tages vielleicht wiederzusehen.

Der Tag sollte schneller kommen als erwartet.

Sicherlich drei oder vier Sommer waren ins Land gegangen, seit Frieda verschwunden war, als eine Verlobungskarte von Fräulein Schäfer ins Haus segelte. Sie würde heiraten, einen Künstler aus der Innenstadt, und ihre Mutter, die inzwischen wieder ganz gesund war, würde mit ihr ziehen. Doch was all das für sie bedeutete, verstand Oma erst, als eines Morgens, noch vor Öffnung des Ladens, ein Schatten über die Straße huschte und vor der Eingangstür wartete, still und geduldig, mit dieser ganz besonderen, sanftmütigen Art der Geduld, wie sie nur eine Katze besitzt.

Oh, welche Überraschung es war, als Oma an diesem Morgen die Treppe hinunterkam und Frieda im Licht der Morgensonne erblickte! Aufgeregt liefen die beiden aufeinander zu und Oma konnte endlich ihre geliebte Frieda wieder in die Arme schließen.

Ach, es muss der glücklichste Tag im Leben meiner Großmutter gewesen sein – wie ihre Augen jedes Mal strahlen, wenn sie von jenem Morgen erzählt!

Die Hochzeit war wunderbar und Frieda, die ihr festes Zuhause bei Fräulein Schäfer und ihrer Mutter gefunden hatte, war zurück und jeden Tag besuchte sie meine Oma und auch die alte Frau Hahn von gegenüber. Jeden Tag, bis zu ihrem allerletzten.

Und manchmal, wenn ich wieder einmal im Lesesessel in Omas Buchhandlung einschlafe und am nächsten Morgen dort aufwache, glaube ich, im letzten Licht des Morgenrots einen flinken Schatten zu sehen, wie er hereinblickt und davonspringt, kaum dass ich die Lider hebe.

Ich bin mir ganz sicher, dass es Frieda ist, denn Katzen haben doch sieben Leben.

Und ganz egal, wo Frieda nun ist, ich glaube fest daran, dass sie immer wieder zurückkehrt an den Ort, der all diese wunderbaren Erinnerungen birgt.

Gewidmet Frieda, der ganz besonderen Katze aus Hoffmann's Buchhandlung in Weimar.
Und allen anderen Katzen, die ihren Frauchen und Herrchen Tag für Tag ein Lächeln ins Gesicht zaubern.

Carina Isabel Menzel, Jahrgang 1999. Ihre Hobbys: Schreiben, Lesen, Jazztanz, Filme, Theater. Sie hat bereits einige Geschichten und Gedichte in Wettbewerben und Anthologieprojekten sowie ihren ersten Roman bei Papierfresserchens MTM- und im Herzsprung-Verlag veröffentlicht. Infos: www.carina-isabel-menzel.npage.de.

Carola Marion Menzel

James

Das glühende Gesicht der untergehenden Sonne zeichnete leuchtende Pinselstriche an den endlosen Horizont, die den unendlichen Weiten der Wiesen und Sümpfe um das alte Haus herum einen schillernden Anstrich gaben. Unter dem Glitzern der letzten Atemzüge dieses Tages knallte die Autotür des silbernen Geschäftswagens zu und der Mann drehte sich ein letztes Mal zu James und Felix um. Das Rot der glänzenden Hügel hinter ihm zwinkerte ihnen aus seinen Augen entgegen.

„Macht keinen Unfug, Jungs", mahnte er erneut und hob zur Bekräftigung seiner Worte den Zeigefinger, was James allerdings nur die Augen verdrehen ließ.

„Schon gut, Dad. Wenn uns der Himmel auf den Kopf fallen sollte ..."

„... meldet ihr euch bei Kincade", beendete James' Mum vom Beifahrersitz aus den Satz und schob ihre Sonnenbrille in ihre im Abendwind flatternden Haare.

James nickte gehorsam. Kincade war ein guter Bekannter seiner Eltern und der Einzige, der in der öden Weite dieser Landschaft hier aufzufinden war. Sonst stand das Haus, das James und seine Eltern bewohnten, mitten im Nirgendwo.

Die Arbeit rief Dad – wie so oft in den letzten Jahren – einmal mehr ins Ausland. „Schickt uns liebe Grüße aus Moskau", lächelte James zum Abschied, seine Mum warf ihm einen Luftkuss zu und schenkte Felix, James' bestem Freund, der heute zum ersten Mal bei ihm übernachten würde, einen verschwörerischen Blick.

„Pass gut auf James auf, du weißt, er stellt gerne Unsinn an."

„Ach, Mum", verteidigte James sich und lachte. „Wir sind erst elf, wir müssen noch nicht so erwachsen tun wie ihr."

Lachend schüttelte Mum den Kopf, dann ließ Dad den Motor aufheulen und nach wenigen Minuten war der glänzende Wagen bereits außer Sichtweite. James und Felix winkten brav, bis die Silhouette des Autos verschwunden war, dann drehte James sich zu seinem Freund um – ein verschwörerisches Grinsen auf dem Gesicht.

„So, und was stellen wir jetzt an?"

Aber Felix lachte nur unruhig. „Wir sollten reingehen, es wird bald dunkel." Sein Blick glitt über die Felsen in der Ferne, die bereits von der Dunkelheit bedeckt waren. „Ich muss zugeben, ein bisschen unheimlich ist das schon."

James schüttelte belustigt den Kopf. „Ach komm, du Angsthase."

Eilig machten sich die Jungen auf den Rückweg zum Haus und ließen die schwere Eingangstür hinter sich zufallen. Die Erschütterung ließ den großen Kronleuchter über ihnen erzittern, die einzelnen Kristalle klimperten gespenstisch, sodass Felix zusammenzuckte und in die Verästelungen hinaufstarrte.

„Jetzt komm, der wird schon nicht explodieren, der klimpert immer", erwiderte James auf seinen Blick hin und marschierte weiter schnurstracks auf die Küche zu. „Machen wir uns was zu essen."

„Aber wir haben doch eben schon gegessen, warum willst du denn jetzt noch was machen?" Felix stolperte seinem Freund hinterher in die Küche, der ihn von der Anrichte aus unschuldig ansah.

„Ganz einfach, ich hab Hunger. Ich ..." Doch bevor er den Satz beenden konnte, blieben ihm die Worte wegen eines ohrenbetäubenden Krachens aus dem Salon im Hals stecken, gefolgt von einem plumpen Aufschlag und eiligen Geräuschen, die entfernt an Schritte erinnerten.

Keuchend starrten sich die Freunde an. „Was zum ..."

Panisch ergriff James das Nächstbeste, das er zu packen bekam, und raste so bewaffnet mit einem Kochbuch über westindische Speisen in den Salon, Felix ihm hinterher. Zitternd schoss sein Blick im Rhythmus seines rasenden Herzens durch das Zimmer und blieb am Fenster nahe dem Sofa hängen – es war geöffnet. Säuselnd flüsterte der Wind von draußen in den Gardinen.

Schaudernd schlich James auf das Fenster zu und schloss es mit einem Ruck. Sein Blick fiel auf die Pflanze, die auf dem Fenstersims stand. Waren die einzeln abgerupften Blätter schon gestern um den Topf herum auf dem Marmor verstreut gewesen? Zitternd starrte James die Pflanze an, Unbehagen überkam ihn. Im selben Moment fiel die Wohnzimmertür mit einem Krachen ins Schloss. Felix hinter ihm schrie auf und auch James fuhr herum, zwang sich aber zur Ruhe, die zu bewahren ihm jedoch fast unmöglich erschien.

„D...d...das ...“ Felix deutete mit einer eindeutig zitternden Hand auf das Fenster. „Und das“, sein Finger wanderte zur Tür, „h...hängt das alles zusammen?“

James atmete einmal tief durch. Das war nur ein Haus, sagte er sich. Und Geister gab es nicht. Aber da irgendetwas definitiv nicht stimmte, gab es nur eine Möglichkeit, es aufzuklären.

„Unsere Aufgabe ist es wohl, das herauszufinden“, erwiderte er schließlich, woraufhin Felix ihn ansah, als hätte er eine Vogelspinne auf seinem Kopfkissen entdeckt.

„Warum das denn?“, rief er hysterisch. „Wir sollten Kincade holen, James.“

James stöhnte. „Felix, das sind sicher nur irgendwelche Winde oder so“, beruhigte er seinen Freund, war sich jedoch nicht ganz sicher, ob er nicht auch sich selbst beruhigen musste. „Komm schon, finden wir es heraus.“ Ein stilles Grinsen schlich sich auf sein immer noch vor Angst pochendes Gesicht. „Ein kleines Abenteuer. Man lebt nur einmal.“

„Ab...“

James ließ Felix keine Zeit zu widersprechen, sondern zog eine Taschenlampe aus der Schublade des Wohnzimmertisches und warf einen letzten Blick zum Fenster. Es war wieder fest verschlossen und draußen lauerte nichts als die bloße Dunkelheit. James biss die Zähne zusammen.

Während sie sich zurück in die Eingangshalle schlichen und Felix ununterbrochen jammerte, was er eigentlich hier mache, befahl James sich, ruhig zu bleiben. Der Kegel der Taschenlampe zeigte ihnen den Weg zur Treppe und James versuchte, sich einzureden, dass seine aufkommende Angst vor einem Einbrecher nur Blödsinn war. Wer sollte denn hier einbrechen?

„Siehst du, nichts“, flüsterte James, als eine weitere Ecke nur tanzende Staubkörner im Licht der Taschenlampe offenbarte.

Doch ein plumpes Geräusch, eindeutig gefolgt von Schritten, ließ beide grausam zitternd zusammenfahren.

„Da ist eindeutig was", keuchte Felix tonlos. „Und zwar oben."

Mit so schmerzhaft pochendem Herzen wie noch nie zuvor beleuchtete James die Treppe. „Keine Sorge", flüsterte er. „Es läuft alles wie am Schnürchen." Obwohl er sich da selbst nicht so sicher war.

„Das sagst du", erwiderte Felix schwach, während die beiden sich daran machten, die Treppe zu erklimmen. „Mein Bauch sagt mir etwas anderes."

Das sagte James' Bauch ebenfalls, als etwas Neues im Lichtkegel der Taschenlampe tanzte – ein Büschel weißer Haare.

Keuchend schlug Felix sich eine Hand vor den Mund. „Der Einbrecher hat weiße Haare."

„Na ja, wenn er gar keine hätte, wäre er noch gruseliger", hauchte James tonlos.

Doch wie aufs Stichwort schepperte es, und zwar so gewaltig und so eindeutig im Schlafzimmer der Eltern, dass James und Felix unwillkürlich einander festhielten.

„Okay", begann James langsam und ließ den Lichtstrahl zur Schlafzimmertür wandern. „Du gehst und holst alle möglichen Sachen. Im Schlafzimmer ist der Einbrecher gefangen und wir bauen eine Falle, falls er rauskommen sollte."

Vollkommen schockiert starrte Felix ihn an, seine dunklen Augen glitzerten feucht in der Dunkelheit. „Du willst, dass wir uns aufteilen? Lass uns ..."

James nickte fest. „Geben wir auf? Niemals. Wir beenden das hier gemeinsam, und wenn wir uns dafür aufteilen müssen."

„Oh, mein Gott." Felix warf einen letzten panischen Blick zum Schlafzimmer, doch dann ließ er James los und machte sich zitternd auf den Weg nach unten.

„Sei aber vorsichtig", flüsterte James noch. „Und komm lebend zurück." Dann fiel sein Blick auf die Tür und er schloss die Augen.

„Ganz locker, James", sagte er sich. „Warum mache ich mir auf einmal Sorgen? Es ist alles gut."

Langsam näherte er sich der Tür. Er würde da nicht reingehen, nicht ohne Felix. Auf keinen Fall.

Chrrrr ...

„Ahh!" Das Geräusch ließ ihn mehrere Meter nach hinten flüchten, ehe er begriff, was es war. Ein Kratzen. Vom Inneren der Tür.

James brach der Schweiß aus. Da kratzte etwas!

Nein, das war ihm zu viel. Mit einem Schrei riss er die Tür auf und stürzte sich auf das, was ihm auflauerte. Er erkannte gerade noch golden leuchtende Augen am Boden in der Dunkelheit des Zimmers, ehe er sich draufwarf.

Es war seltsam weich und zappelte wie ein Fisch. James schrie auf, als es ausholte und ihm einen langen Kratzer auf der Wange zufügte – im selben Moment, in dem das Licht ansprang und das ganze Zimmer flutete.

Keuchend und panisch knallte James gegen die Bettkante, hielt sich die brennende Wange und erkannte gerade noch, wie das, was gerade durch die Tür preschen wollte, von starken Händen abgefangen wurde. Keuchend folgte ihnen sein Blick – und starrte direkt in das Gesicht Kincades, der neben Felix in der Tür stand, in Begleitung eines Polizisten.

Vollkommen verwirrt schüttelte James den Kopf, dann erst registrierte er, was Kincade auf dem Arm hielt. Eine Katze. Eine weiße, vollkommen verstrubbelte Katze, die ihn mit ihren bohrenden Augen anstarrte.

Er begriff plötzlich. „Felix, du hast die Polizei gerufen?"

Der Angesprochene wand sich unter der Aufmerksamkeit. „Mich schicken, um irgendwelches Zeug zu holen?" Er grinste schüchtern. „Du solltest mich besser kennen." Versöhnlich streckte er James seine Hand hin, um ihm auf die Beine zu helfen. „Na komm schon, du Schnüffler."

Nun meldete sich der Polizist zu Wort. „Ich gratuliere. Das Tier kommt mir bekannt vor", meinte er schließlich mit einem Blick auf die Katze. „Es wird schon länger vermisst. Der Besitzer wird sich sicher freuen, von dir zu hören. Du bist ein Held."

„Ach was", murmelte James verlegen und klopfte sich weiße Katzenhaare von der Hose. „Ich bin kein Held. Die Katze hätte in jedes andere Haus eindringen können."

„Nun ja", wog der Polizist ab und bedeutete Kincade, ihm mit der Katze auf dem Arm zu folgen. „Immerhin bekommt der Besitzer sie zurück. Wen darf ich ihm als Finder ausrichten?"

„James", erwiderte der Junge und errötete unter dem Lob. Er legte nicht so viel Wert auf Nachnamen.

„Mr James", verabschiedete sich der Polizist schließlich mitsamt der Katze in die Nacht, „wir werden sicher noch viel von dir hören."

Carola Marion Menzel wurde 1999 geboren. Hobbys: Schreiben, Lesen, Kino, Tanzen, Zeichnen. Ihr erster Roman „Girl on Fire" erschien – wie bereits zahlreiche Kurzgeschichten zuvor – bei Papierfresserchens MTM-Verlag. Auch er widmet sich wie diese Geschichte James Bond. Infos: carola-marion-menzel.npage.de.

Gabriele Nakhosteen

Wo ist Mia?

Eins, zwei, drei ... achtzehn, neunzehn. Da fehlt jemand.
„Noch mal durchzählen", ruft unser Klassenlehrer Herr Böhme.
Eins, zwei ...
„Mia fehlt", unterbreche ich. „Mia ist nicht da."
Wir schauen einander an. Dann blicken wir zum Ausgang der Kupfermine, aus der wir gerade gekommen sind. Wir, das sind neunzehn von zwanzig Schülern und Schülerinnen der 6c.
„Vielleicht trödelt sie. Die kommt gleich", meint Ben, unser Klassensprecher.
Ich habe meine Zweifel. Herr Böhme auch. Sein Gesicht nimmt eine wächserne Farbe an. Sein rechtes Oberlid beginnt zu zucken, wie immer, wenn ihn etwas stört. Mia ist neu in unserer Klasse. Sie tanzt gerne aus der Reihe und ist um fantasievolle Ausreden nie verlegen.
„Wir müssen ihr Zeit geben", hat Herr Böhme zu Anfang des Schuljahres gesagt. „Mia ist in Burkina Faso, im westlichen Afrika, aufgewachsen, wo ihre Eltern als Entwicklungshelfer tätig waren." Im Erdkundeunterricht hat er uns von den andersartigen Lebensbedingungen dort erzählt. „Ihr seht, Mia muss sich bei uns an viel Neues gewöhnen."
Nun wendet sich Herr Böhme an mich. „Lena, du hast dich mit Mia angefreundet. Wir beide gehen zurück und gucken, wo sie bleibt." Dann spricht er in ungewohnt strengem Ton zum Rest der Klasse. „Ihr anderen wartet hier. Ihr rührt euch nicht vom Fleck. Ben, sieh zu, dass alle zusammenbleiben."
Gerne gehe ich nicht zurück in die Mine. Dunkel, feucht und kalt ist es dort. Gruselig wie in einem Geisterschloss. Nur ein Tunnel dieses unterirdischen Labyrinths aus Schächten und Stollen ist für Besucher begehbar. Der Gang ist niedrig und gerade breit genug für eine Person.

„Bleib direkt hinter mir, Lena", höre ich Herrn Böhme sagen, der mit seinen eins achtzig nur gebückt vorwärtskommt.

„Mia", schreie ich, so laut ich kann, auch um meine Angst zu übertönen. Keine Antwort.

Die Wände fühlen sich glatt und glitschig an, der Boden ist schlüpfrig. An manchen Stellen ist der Weg steil, an anderen geht es bergab. An solchen Teilstücken wird er zwar durch funzlige Lampen ausgeleuchtet und Handläufe erleichtern das Weiterkommen, aber das trübe Licht verstärkt das Gefühl modriger Schaurigkeit.

„Mia, wo steckst du?" Die Stimme von Herrn Böhme scheint wegzubrechen.

Rechts und links vom Tunnel gehen kleinere Gänge ab, bohren sich in die geheimnisvolle Tiefe des Berges, der über uns thront.

„Mia!" Ich höre das Echo meiner Stimme, unheimlich, wie aus einem Grab.

Als wir wieder das Tageslicht erblicken – ohne Mia –, haben wir alle ein ungutes Gefühl. Wo kann sie sein?

Die Klasse eilt mit unserem Lehrer voran in die einige Meter entfernt liegende Empfangshalle der Mine. Es ist früh am Morgen, außer uns sind keine weiteren Besucher da.

Der ältere Herr an der Rezeption, Willy, sagt sein Namensschild, wischt gelangweilt mit dem Zeigefinger auf seinem Tablet herum. Dann schaut er ungläubig hoch und beschwichtigt: „Das Mädchen kann in keinen anderen Schacht gekrochen sein. Die sind schon nach wenigen Metern zu eng. Das Kupfer dieser Mine wurde in der Bronzezeit, also vor drei- bis viertausend Jahren abgebaut. Da waren die Menschen viel kleiner als wir. Und auch nicht so dick", fügt er hinzu, lacht und tätschelt seinen Bauch.

„Mia ist zierlich", wirft unser Lehrer ein.

„Kein Kind würde in einen Stollen krabbeln. Das macht einem doch Angst", ist sich Willy sicher.

„Mia würde das vielleicht wagen", sage ich und schaue meine Mitschüler an. „Erinnert ihr euch an ihre Erzählungen von den Minen in Karentenga? Das Gold wird dort von Kindern abgebaut, die barfuß und nur mit einer Lampe am Kopf durch enge Öffnungen in das Innere der Schächte klettern. Mia fand das cool."

Alle nicken. Mia ist so eine Wahnsinnstat zuzutrauen.

„D...dann wäre sie verloren", stottert Willy. „In dem weit verzweigten Netz von Flözen wäre sie unauffindbar und selbst fände sie nicht mehr heraus." Jetzt sehe ich die ersten Schweißperlen auf seiner Stirn.

„Gibt es keine Überwachungskameras?" Die Stimme unseres Lehrers kommt einem verzweifelten Krächzen gleich.

„Ja, aber nur an den ausgeleuchteten Stellen. Lassen Sie uns schauen, ob das Kind auf einem Bild zu sehen ist."

Wir starren auf den Monitor. Alle sind mucksmäuschenstill. Viel ist auf den Bildern nicht zu erkennen.

„Da, da!", schreit Ben. „Mia ist die Letzte der Gruppe. Ihr Grubenhelm hatte als einziger eine eingebaute Leuchte."

„Wo ist das?", fragt Herr Böhme mit zittriger Stimme.

„Bei Lampe vier", antwortet Willy. „Dort gehen drei Kriechgänge nach rechts ab."

Auf weiteren Bildern ist Mia nicht zu sehen. Sie muss also bei Lampe vier verschwunden sein.

Ausgerüstet mit Taschenlampen, Seilen und Sicherungen gibt Willy unserem Lehrer kurze Anweisungen. „Ein Kind muss mit uns kommen, möglichst ein starker, mutiger Junge, wir beide allein können da gar nichts ausrichten."

Meine Klassenkameraden senken die Köpfe. Niemand traut sich.

Herrn Böhmes rechtes Augenlid zuckt unaufhörlich. „Können Sie nicht Spezialkräfte anfordern?"

„Mache ich, aber bis die hier sind, dauert es Stunden. In der Zwischenzeit versuchen wir, das Mädchen zu orten." Willys T-Shirt zeigt Schweißflecken.

Ich denke an Mia. Habe furchtbare Angst um sie. „Ich komme mit", höre ich mich sagen, „ich bin auch stark."

Wir sind bei Lampe vier. Willy befestigt eine Taschenlampe an meinem Helm und verseilt mich wie eine Höhlenforscherin.

„Hab keine Angst", ermutigt er mich, „dein Lehrer und ich halten dich, klettere in den ersten der drei seitlichen Stollen."

Ich krieche ein oder zwei Meter vorwärts bis zu einer Biegung. „Der Gang wird enger und geht steil nach oben. Hier kann sie nicht verschwunden sein", rufe ich und bewege mich rückwärts wieder zum Haupttunnel.

„Das machst du toll", sagt Willy. „Jetzt der nächste Schacht."

Es ist glatt wie in einem Eiskanal. Willy spannt das Seil, hält mich. Der Gang wird abschüssig und niedrig. Ich gehe auf die Knie und dann passiert es ...

„Oh nein!" Unverhofft glitsche ich bäuchlings bergab. „Hilfe, Willy!"

„Keine Angst, wir haben dich."

Ich lausche. Höre ich ein Wimmern? „Mia, bist du das?" Ich versuche mit meiner Lampe, das Dunkel vor mir auszuleuchten. Da bewegt sich etwas, zwei Meter entfernt in einer Bodensenke. „Mia?"

„Ja, hier", höre ich ihre verzweifelte Stimme. „Ich bin abgerutscht."

„Mia steckt in einem Loch", informiere ich Willy und Herrn Böhme. „Bist du verletzt, Mia?", wende ich mich wieder meiner Freundin zu.

„Meine rechte Hand tut höllisch weh", schluchzt es aus der Tiefe.

„Halte durch", antworte ich mit ungewohnt fester Stimme. „Ich werfe dir ein mit mir verbundenes Seil und Sicherungen zu."

„Ich kann nur die linke Hand benutzen. Wie soll ich den Sicherungsgurt anlegen? Unmöglich!"

„Versuch's, Mia. Du schaffst das." Innerlich zittere ich. Das wird verdammt schwierig für sie sein.

„Aua, au!" Weinerliches Jammern dringt aus dem Dunkel zu mir hoch.

Eine herzklopfende Ewigkeit vergeht.

„Ich bin gesichert!", ruft Mia endlich.

„Okay, Willy, Mia ist angeseilt."

„Wir ziehen euch langsam in unsere Richtung", keucht Willy.

Kracks! Was war das? Bröselt das Seil auseinander?

„Hoffentlich reißt nichts", durchfährt es mich. Ich stütze mich mit den Unterarmen ab und schiebe mich zurück. Zentimeter um Zentimeter. Mia rutscht auf dem schrägen Boden Stück um Stück vorwärts.

Gemeinsam schaffen wir es und liegen uns in den Armen, mit aufgescheuerten Knien, verdreckt, erleichtert, stumm und weinend vor Glück.

Gabriele Nakhosteen, *geboren 1944, studierte Medizin in Freiburg i. Br., London und Köln. Spätere Tätigkeit in der klinischen Forschung. Die Arbeit in der Redaktion einer Wochenzeitschrift inspirierte die dreifache Mutter zum Schreiben und Veröffentlichen gesundheitsrelevanter Texte. Später erweiterte sie ihr schriftstellerisches Schaffen und verarbeitet heute Lebenserfahrungen in autobiografischen und fiktiven Kurzgeschichten und Erzählungen. Die Autorin lebt heute in Nordrhein-Westfalen.*

Christian Reinöhl

Die Schneeflocke und der Eiszapfen

Kennst du einen Ort, der immer weiß ist? Jahrein, jahraus, jeden Tag? Das ist der Pol, die Heimat der Schneeflocken. Du glaubst, du hast schon viel Schnee gesehen? Glaub mir, es ist nur ein schwacher Abklatsch der gewaltigen Schneegebirge dort. Gigantische weiße Flächen in strahlendem Licht. Es heißt, Schneeflocken müssen am Pol nicht sterben, könnten dort ewig leben. Hörst du sie nicht gerade leise murmeln? Bestimmt erzählen sie einander davon, schwärmen vom Platz, wo die Sonne nicht untergeht. Nur ein Traum? Ja, vielleicht. Aber tut es nicht gut zu träumen?

Da oben ist das Haus der kleinen Karina, dick verschneit, wie es sich für den Winter gehört. Davor steht ein kleiner Schneemann. Sie hat ihn erst gestern gemacht. Mürrisch schaut er auf ihr Fenster. Vielleicht ist ihm kalt, vielleicht mag er bloß seine Möhrennase nicht so.
Gerade gestern ist am Fenster eine junge Schneeflocke neu angekommen, hat den weiten Weg aus den Wolken glücklich gemeistert. Um sie herum sind all ihre Schneeflockenkollegen. Sie ruhen sich aus. Die neue Schneeflocke will mit ihnen sprechen, aber sie antworten nicht.
„Wir denken", denken sie sich, denke ich.
Die junge Schneeflocke hat eine Weile erfolglos versucht, Kontakte zu knüpfen. Schließlich hat sie stattdessen mit den Eiszapfen gesprochen, die über ihr hängen. Eiszapfen sind beeindruckende Gestalten, wissen sie natürlich auch. Sie reden nicht mit jeder Schneeflocke. Aber die junge ist so lustig und fröhlich, sie bringt selbst gestandene Zapfen zum Schmunzeln.
Unter den vielen Eiszapfen ist auch ein kleinerer. Nicht so groß und beeindruckend wie seine Nachbarn. Aber er ist sehr schön

geformt, zart und trotzdem stark. Den ganzen Tag hat er die kleine Schneeflocke vor Augen und hat sich bereits unsterblich in sie verliebt.

Als alle still sind, neigt er sich zu ihr. „Ich liebe dich", sagt er, denn das sagt man auch als Eiszapfen.

Die Schneeflocke schaut ihn sich an. Sie sieht nicht, wie klein er ist, sie sieht, wie zart er ist. Sie spürt seine Liebe und fühlt auch in sich Liebe wachsen. „Ich liebe dich", sagt sie zu ihm.

Am nächsten Tag sind sie ein Paar.

Staunend sehen es die anderen Eiszapfen und Schneeflocken.

Und endlich sprechen die alten Schneeflocken mit der jungen, neuen. „Dir ist hoffentlich klar", sagen sie, „du wirst ihn nie berühren. Das Höchste, was eine Schneeflocke sich erträumen sollte, kann nicht die Liebe zu einem Eiszapfen sein. Denk lieber an andere Dinge! Wenn du Glück hast, wirst du vielleicht sogar Teil eines Schneemanns."

„Will ich aber nicht."

„Was möchtest du denn dann?"

Die junge Schneeflocke berichtet mit glänzenden Augen von ihrem Traum. Es ist der heimliche Wunsch von allen, selbst wenn die meisten es nicht zugeben, weil sie sich erwachsen glauben und deshalb meinen, Träume kämen für sie nicht mehr infrage. Sie erzählt vom Ort, wo Schneeflocken niemals sterben. „Dort möchte ich mit meinem Eiszapfen hin. Dort will ich mit ihm leben und ihn immer anschauen und immer glücklich sein."

Die anderen Schneeflocken überlegen. Schließlich kommen sie zu einem Ergebnis. „Schön. Aber dein Traum führt zu nichts. Vertrau uns. Sei realistisch und wünsch dir, ein Schneemann zu werden."

Auch die Eiszapfen sprechen mit ihrem Kollegen. „Sicher, sie ist lieb und nett und freundlich. Aber gleich ein Paar?"

„Mir ist, als wären wir schon immer zusammen. Sie ist all das, was ich bewundere, was ich liebe, von dem ich manchmal hoffen kann, ich wäre ihm ähnlich."

Die Schneeflocke und der Eiszapfen strecken sich einander entgegen, ohne sich berühren zu können.

„Ich würde dich so gern anfassen", sagt die Schneeflocke.
„Ich würde dich so gern anfassen", sagt der Eiszapfen.

In der kommenden Nacht schlafen alle. Oben funkeln unergründlich die Sterne. Unten grinst der Schneemann vor sich hin. Karina ist aufgestanden. Sie schaut aus dem Fenster. In die weiße Dunkelheit.
Plötzlich geht hinter ihr Licht an. „Was machst du da? Du kannst dir ja den Tod holen."
Das Fenster wird energisch zugezogen. Mit einem solchen Knall, dass sich der Eiszapfen löst und auf den Boden fällt. Doch im Fallen nimmt er die kleine Schneeflocke mit. Sie stürzen gemeinsam ... und fallen weich auf den Schneemann unter ihnen.
„Geht es dir gut?", fragt der Eiszapfen besorgt.
Die Schneeflocke klopft sich ab, sie erkennt, dass ihr nichts passiert ist. „Alles okay. Und bei dir?", fragt sie flüsternd zurück.
Der Eiszapfen hat leichte Schmerzen, wahrscheinlich ist etwas von ihm abgesprungen, aber er wird den Teufel tun, es jetzt zu erwähnen. „Geht schon", versichert er.

Runtergekommen sind sie nun. Aber wie gelangen sie jetzt zum Pol? Sie flüstern erregt, finden aber keine Lösung.
„Für mich wäre es kein Problem", sagt ein kleiner Schneehase, der im Schatten des Schneemanns ruhte und sich ihrer Diskussion nicht entziehen konnte. „Hasen kommen an jeden Platz auf der Welt."
„Dann bring uns beide dorthin", bittet der Eiszapfen.
„Der Pol muss wunderschön sein, sagen alle", versichert ihm die Schneeflocke.
„Ich kann es mir ja einmal anschauen", erwidert der Schneehase träge. „Hauptsache, ich bin vor dem Frühstück wieder da."
Vorsichtig lässt er Schneeflocke und Eiszapfen aufsitzen. Dann stürmt er los. Die beiden haben sich in sein Fell gekrallt und schmiegen sich aneinander. Sie sind solche Geschwindigkeiten nicht gewohnt. Aber sie ertragen die Strapazen gern, denn sie wissen: Jeder Meter bringt sie weiter, näher zum Pol. Und dort, dort werden sie glücklich sein können, für immer und immer und immer.

Vorwärts rast der Schneehase. Er bleibt nicht stehen. Schnell ist er, so beweglich. Ja, er läuft immer noch. Längst ist die Sonne aufgegangen. Der Hase ist auf dem Weg. Nicht mit derselben Geschwindigkeit wie zu Beginn allerdings.

„Ich habe mir den Weg kürzer vorgestellt", japst er.

„Du machst es toll", versichern ihm die beiden.

Aber er hat Hunger. Er hat Durst. Er ist müde. Und außerdem vermisst er die Häsin, die er liebt.

Er hält an und schaut verlegen zu Boden. „Würde es euch etwas ausmachen, wenn ich euch am nächsten Fluss absetze? Ihr braucht keine Angst zu haben. Ich setze euch auf ein schönes Blatt. Dann könnt ihr seelenruhig zum Pol fahren. Weit kann es nicht mehr sein."

Was soll man dazu sagen? Die Schneeflocke und der Eiszapfen bedanken sich jedenfalls höflich.

„Ihr seid bestimmt sofort da", sagt der Schneehase. In Gedanken ist er schon bei seiner Freundin.

Nachdem er die beiden sorgsam auf das Blatt gelegt hat, dreht er sich um und rast zurück, plötzlich wieder mit neuer Kraft.

Die Schneeflocke und der Eiszapfen schippern auf dem Blatt dahin.

„Woran denkst du?", fragt der Eiszapfen.

„Ich denke, wie es dort wohl ist. Am Pol", sagt die Schneeflocke. „Und woran denkst du?"

„Ich denke mir: Wie es auch sein mag, ich bin froh, jetzt bei dir sein zu können."

Die beiden drücken sich ganz fest aneinander. Oben am Himmel lächelt die Sonne über die Liebenden. Und sie schickt nicht ihre Strahlen, die todbringend sein könnten, sondern macht ihnen nur den Weg frei.

An Karinas Fenster diskutieren die Schneeflocken und die Eiszapfen über die Chancen der beiden. Sie wissen nicht, was sie glauben, ob sie mit ihnen hoffen dürfen. Aber sie reden miteinander. Diskutieren angeregt. Scherzen sogar. Sie fiebern alle mit, träumen alle mit, leben alle mit, mit den beiden auf dem Fluss. Selbst die dicken, alten Eiszapfen interessieren sich für das Schicksal der Liebenden.

Sorgsam ist der Hase ausgequetscht worden. Alles musste er erzählen. Wie sie sich angeredet haben. Wie sie sich aneinander festgekrallt haben. Wie sie glücklich waren, zusammen zu sein. Aber auch sonst wird niemand ausgelassen, der die beiden kennengelernt hat. Selbst der Schneemann wird gefragt, wie es war, die Liebenden auf sich zu beherbergen.

Er ist also doch wichtig, denkt er. Stolz reckt er seine Möhrennase in den Himmel.

Und Millionen vorbeiziehender Schneeflocken wird die Liebesgeschichte der beiden erzählt und sie erzählen sie weiter, wohin sie auch kommen, überall.

Karina steht am Fenster. „Was für ein Gewusel", denkt sie. „Was für ein Gewusel."

Draußen tanzen die Schneeflocken den ewig neuen weißen Tanz.

Auf dem Blatt auf dem Fluss schmiegen sich die Schneeflocke und der Eiszapfen eng aneinander. Sie wollen sich gegenseitig vor den Sonnenstrahlen schützen. Ist nicht so einfach. Sie wollen beieinander sein. Und das ist einfach.

„Hast du Angst zu sterben?", fragt der Eiszapfen.

„Nein. Ich habe nur Angst, dass du stirbst."

„Ich kann nicht sterben, solange du in meinen Armen bist."

Das Blatt, auf dem die beiden ruhten, ist ans Ufer getrieben worden. Die beiden liegen da, lächeln einander an. Leise summt ein Vogel eine süße Melodie.

„Wir können nämlich gar nicht sterben", sagt die Schneeflocke. „Selbst wenn wir nicht zum Pol kommen. Wir lösen uns auf. Wir sind nicht mehr so, wie wir waren, das ist wahr. Aber wir kommen wieder. Wir werden zu Wasser. Wir steigen auf, dann regnen wir ab. Und diesmal werden wir ganz vereint sein. Ein Wasser, du und ich. Ist das nicht wunderbar?"

Die beiden strahlen sich an. Nein, sie werden nicht getrennt. Ganz im Gegenteil! Sie werden zusammenkommen und zusammenbleiben, für immer.

Sie lächeln sich an.
Die Sonne lächelt sie an.
„Ich liebe dich", sagt lächelnd der Eiszapfen.
„Ich liebe dich", sagt lächelnd die Schneeflocke.
„Ich liebe uns", sagen lächelnd die Tropfen.

Christian Reinöhl *wurde 1977 geboren. Er arbeitet als Lehrer in Sieg-*
burg. 2011 erschien sein Roman „Am Tag, als man Gott verhaftete".
Außerdem schrieb er mehrere Theaterstücke.

Margret Küllmar

Als Paul zu den Eulen ging

Sie waren so laut, dass sich Paul, der kleine Spatz, am liebsten die Ohren zugehalten hätte. Besonders Tante Vera nervte mit ihrem Gezeter. Seine Mama und sein Papa sangen um die Wette. Sie freuten sich, dass sie in diesem Jahr fünf gesunde Haussperlingskinder ausgebrütet hatten. Vier von ihnen kämpften um ein paar Weizenkörner, die auf dem Weg lagen.

„He, Paule", riefen sie, „mach mit, du Schlafmütze."

„Hab keinen Hunger", brummte Paul.

„Aber, Paulchen, du musst doch etwas frühstücken", zwitscherte Tante Vera in den höchsten Tönen. „Guck, der frisch gesäte Salatsamen, das ist doch was Feines."

„Nein, danke." Paul bemühte sich, höflich zu sein, weil er wusste, dass Tante Vera in diesem Jahr keine Brut hatte und darüber sehr traurig war. Sie half nun seiner Mama bei der Erziehung von ihm und seinen Geschwistern. Insgeheim dachte er jedoch: „Rutscht mir doch alle den Buckel runter, ich brauche meine Ruhe."

Jeden Morgen erlebte er das gleiche Theater. Noch bevor es hell wurde, waren die alten Spatzen wach und weckten den ganzen Schwarm. Und dann ging es sofort und sehr laut auf Futtersuche. Körner, welche die Bauern von ihren Erntewagen verloren hatten, Unkrautsamen, kleine Insekten und was man sonst noch so finden konnte. Am besten schmeckten natürlich die Samenkörner, die von der Bäuerin am Tag vorher ausgesät worden waren. Gut waren auch frisch aufgegangene, kleine Pflänzchen.

Pauls Papa hatte sich über die kleinen Radieschen hergemacht und rief: „Paul, komm doch und friss was, sonst wirst du nie ein großer, starker Sperling."

Das Fenster am Bauernhaus wurde geöffnet. Ein bärtiger, zerzauster, müder Mensch lehnte sich heraus und schimpfte heftig:

„Macht, dass ihr wegkommt, ihr albernen Spatzen, so viel Krach am frühen Morgen kann ich nicht ertragen, ich will schlafen." Dann sah der Mann, dass sie im Hausgarten waren und die frischen Beete zerkratzten. Nun wurde er sehr böse und schimpfte noch lauter.

Paul dachte, dass der Bauer eigentlich recht hatte, aber sein Schwarm war da anderer Meinung. Sie hörten zwar auf zu fressen und flogen eine Runde, bis sich der Bauer verzogen hatte. Dann landeten sie jedoch von Neuem und setzten ihr Frühstück und ihre Unterhaltung fort. Paul wollte sich auf seinen Schlafplatz im dichten Blattwerk des Weinstocks zurückziehen.

Doch seine Tante hatte es bemerkt und rief ihn zu sich: „Nun friss doch endlich, du Morgenmuffel. Abends nicht ins Nest kommen und morgens nicht raus. Du bist ja eine richtige Nachteule."

Paul fraß ein paar Körner vom Spitzwegerich und wartete auf eine gute Gelegenheit, um sich zurückzuziehen. Als er endlich wieder an seinem Schlafplatz gelandet war, konnte er aber gar nicht mehr schlafen. Er musste dauernd an die Worte von Tante Vera denken. „Du bist ja eine richtige Nachteule." Davon hatte er schon mal gehört, das waren große Vögel, die am Tage schliefen und nachts auf Futtersuche gingen. Mama hatte ihn davor gewarnt, weil die Eulen auch kleine Spatzen fraßen, wenn diese nachts nicht brav und gut versteckt schliefen.

Einmal hatten sie eine Eule rufen hören. „Das war ein Waldkauz, er lebt dort drüben im Wald in der großen Eiche", hatte die Mama gesagt.

Paul dachte nach. Er kam abends immer erst dann richtig in Schwung, wenn die anderen ihre Schlafplätze aufsuchten. Schade, dass er ein Sperling und kein Waldkauz war. Doch vielleicht konnte er ja einer werden. Aber wie?

Beim Nachdenken schlief er ein. Und als er wieder aufwachte, war es schon Mittag, die Sonne blendete ihn heftig. Plötzlich wusste er, was er tun würde. Zunächst einmal fraß er ordentlich, denn er brauchte Kraft für sein Vorhaben. Am Nachmittag ruhte er sich aus und abends, als die anderen schliefen, machte er sich auf den Weg. Es wurde immer dunkler, den Waldrand und die große Eiche konnte er gerade noch so erkennen. Der Weg war weit für einen kleinen Spatz und Paul musste sich auf dem alten

Apfelbaum ein wenig ausruhen. Auf einmal wurde er von hinten vom Ast geschubst. Paul sah verdutzt nach oben und entdeckte den Baummarder. Zum Glück hatte dieser nicht richtig gezielt und Paul war nur vom Baum gefallen. Bevor der Marder einen neuen Anlauf nehmen konnte, flog Paul davon.

„Das war knapp", dachte er. „Hoffentlich bin ich bald da." Ob seine Mama schon gemerkt hatte, dass er nicht mehr da war? Paul verdrängte diesen Gedanken und flog und flog.

Plötzlich krächzte eine tiefe Stimme: „Adele, komm schnell, unser Abendbrot fliegt genau auf uns zu."

Paul schaute sich um, er sah kein fliegendes Abendbrot, doch dann bemerkte er den Eulenmann auf dem Ast der großen Eiche. „Sind Sie der Waldkauz?", rief Paul.

„Ja", antwortete dieser, „und du bist mein Abendbrot." Mit seinen spitzen Krallen griff er sich Paul und schüttelte ihn.

„Lassen Sie mich los, ich bin nicht Ihr Abendbrot", piepste er kläglich und hastig, weil er große Angst hatte, dass der Waldkauz ihn sofort verspeiste. „Mein Name ist Paul und ich möchte bei Ihnen lernen, wie man eine Nachteule wird", sprach er weiter und wehrte sich heftig.

„Hast du das gehört, Adele, der Spatz will eine Eule werden", rief der Kauz seiner Frau zu und bog sich vor Lachen. Dabei ließ er Paul fallen.

Der landete zwei Äste tiefer und ging sofort in Deckung. Er hörte, wie Adele sagte: „Das ist doch mal was Neues, Hubert, das machen wir, er kann es ja versuchen."

„Von mir aus", brummte Hubert, „fressen kann ich ihn immer noch." Paul hörte die beiden noch eine Weile leise tuscheln, bis Hubert rief: „Komm her, du Spatz, wir fangen gleich an."

Adele war freundlicher und zeigte Paul erst mal die Nisthöhle im Eichenstamm, aber Hubert drängte zum Aufbruch. „Nun kommt schon, ich habe Appetit auf ein paar saftige Mäuse."

Sie flogen los, Paul flog ganz dicht hinter Adele her, es war sehr dunkel und er konnte fast nichts sehen. Plötzlich hörte er ein schauriges Grunzen und zuckte so heftig zusammen, dass er beinahe abgestürzt wäre.

„Das war nur ein Wildschwein, das frisst keine kleinen Spatzen", lästerte Hubert und stürzte sich in die Tiefe. Mit seinen

Krallen landete er genau auf einer Maus. Paul staunte nicht schlecht, Hubert musste sehr gut sehen können.

„Probier mal", sagte Adele, auch sie hatte eine Maus gefangen und gab ihm ein Stückchen ab.

Höflich probierte Paul ein bisschen, doch es schmeckt einfach scheußlich. „Igitt", zeterte Paul, „so etwas Ekliges habe ich noch nie gefressen." Außerdem taten ihm die armen Mäuse leid.

„Bist du wohl still", zischte Hubert böse, „du vertreibst uns ja die ganzen Mäuse."

Die Jagd ging weiter und Paul versuchte vergeblich, etwas Fressbares zu finden. Es war kalt, er fror erbärmlich und zitterte, auch vor Angst. Ein paarmal landete er im Matsch und einmal hätte ihn fast eine Katze gefressen. Sie war auch auf Mäusejagd.

Hubert vertrieb die Katze und sagte dann: „Weißt du was, Paul, wir bringen dich jetzt in unsere Höhle zurück und in der nächsten Nacht machen wir weiter."

„Für mich gibt es keine nächste Nacht, jedenfalls nicht im Wald bei den Eulen", dachte Paul, kuschelte sich in die Höhle und schlief sofort ein. Er träumte von Mama und Papa, von seinen Geschwistern und von Tante Vera. Sie hatten gemerkt, dass er nicht mehr da war, und weinten.

Am nächsten Morgen, als Hubert und Adele schliefen, machte er sich auf den Heimweg. Die Sonne schien, es war warm, Wildschweine, Katzen und Marder waren verschwunden und die Welt war wunderschön. Er kam gerade rechtzeitig zum Frühstück nach Hause. Tante Vera kam sofort und küsste und herzte ihn. Sie zwitscherte vor Freude in den höchsten Tönen. Mama wischte sich verstohlen ein paar Tränen ab und war ganz still. Papa schimpfte ein wenig mit ihm, aber nur der Form halber.

Seine Geschwister kämpften wieder um ein paar Weizenkörner und riefen: „He, Paule, du Ausreißer, mach mit."

Paul flog zu ihnen und machte mit.

Und so kam es, dass aus Paul, dem kleinen Spatz, doch noch ein ordentlicher Haussperling geworden ist. Manchmal, wenn seine Enkelkinder auf dumme Gedanken kommen und nachts in den Wald fliegen wollen, erzählt er ihnen von seinen Erlebnissen bei Hubert und Adele, den Waldkäuzen.

Margret Küllmar lebt in Fritzlar.

Wolfgang Rödig

Die Wahrheit liegt auf dem Platz

Er versprach sich einiges von den neuen Fußballschuhen. Gleichzeitig verspürte Walter zum ersten Mal so etwas wie Druck, während er mit Uli zu dem gut einen Kilometer entfernten Bolzplatz ging. Die Fußballschuhe, die er in der Hand trug, waren nicht wirklich neu. Sie waren Uli, dem drei Jahre älteren Nachbarsjungen und beliebten Jugendspieler des örtlichen Fußballvereins, nur endgültig zu klein geworden. Nun sollten sie also Walter weiterhelfen. Dieser galt zwar nicht gerade als Sportskanone, ging aber nur zu gerne mit den anderen im engen Hinterhof nach vereinfachten Regeln und auf gewöhnlichen Turnschuhsohlen auf Torejagd.

Uli wollte an diesem Nachmittag, besser gesagt, er sollte mit ihm nun den nächsten Schritt tun. Walter war nämlich keineswegs entgangen, dass es Ulis Mutter war, von der die Initiative dazu ausgegangen war. Uli jedenfalls schien von der Sache nicht allzu begeistert zu sein, da er auf dem ganzen Weg kaum ein Wort gesprochen hatte und, auf dem Platz angekommen, eher enttäuscht wirkte, als sie dort keine anderen Jungen antrafen.

Walter hingegen war darüber erleichtert und zog Ulis alte Treter, die doch zugleich seine allerersten richtigen Fußballschuhe waren, auf der Stelle an. Und für den Moment war er zufrieden, auch wenn sie ihm doch noch ein Stückchen zu groß und die Stollen unter den Sohlen gewöhnungsbedürftig waren. Und als er ein paarmal gegen den Ball getreten hatte, der ihm von Uli genau und eher behutsam zugepasst worden war, kam in Walter allmählich das Gefühl auf, damit rasch Fortschritte machen zu können.

Als es nach ungefähr zwanzig Minuten an der Zeit war, eine erste Pause einzulegen, setzten sich die beiden neben den Pfosten des alten Torgehäuses, um nach kurzem Ausschnaufen über ihr Lieblingsthema zu fachsimpeln. Aber noch bevor sie sich so richtig darin vertiefen konnten, erschienen zwei Jungen auf dem Platz, die etwa so alt wie Walter waren. Uli kannte sie dennoch besser. Sie spielten im selben Verein und galten als sehr talentierte Fußballer.

Deswegen war es Walter auch gar nicht recht, als Uli, ohne ihn zu fragen, sofort einwilligte, als die zwei sie zu einem Spiel herausforderten.

Und Walters Befürchtungen wurden Realität. Allzu schnell lagen Uli und er mit gleich mehreren Toren in Rückstand, und das nur seinetwegen. Den trickreichen und dynamischen Vereinskickern war er einfach nicht gewachsen. Da mochte sich Uli noch so anstrengen, er konnte Walters Schwächen nicht ausgleichen.

Und dann tauchte zu allem Übel auch noch Roland auf, der dafür bekannt war, Schwächere gern zu verhöhnen. Und obwohl er selber kein Fußballer war, sah er sich wieder einmal dazu bemüßigt, in seiner herablassenden Art Kommentare zum Spiel abzugeben. Und natürlich war Walter sein Opfer.

„Wie stellt sich der denn an? Ich glaub's nicht. Der kann ja gar nichts!" Roland merkte sofort, dass er mit seinen beleidigenden Rufen Wirkung bei Walter erzielte, der bald wirklich keinen Ball mehr traf. Er brachte ihn schließlich sogar dazu, entnervt und weinend aufzugeben.

Nun aber reichte es Uli, der wahrlich nicht als streitsüchtiger Typ galt, er sagte Roland ganz schön heftig die Meinung, machte ihm unmissverständlich klar, dass er abhauen sollte, ehe er sogar handgreiflich wurde, weil Roland nicht sogleich abrauschte. Ja, dem hatte er es aber mal so richtig gegeben.

Walter war beeindruckt und fühlte sich gleich wieder etwas besser. Das Spiel wurde fortgesetzt, um mit dem erwarteten deutlichen Sieg ihrer klar überlegenen Gegner zu enden, die daraufhin keine Lust mehr hatten und von dannen zogen.

Uli und Walter übten dann noch eine halbe Stunde lang Flanken und Torschüsse, ehe es auch für sie Zeit wurde, den Heimweg anzutreten.

„Nimm's nicht so schwer", sprach Uli, während sie sich die Straßenschuhe anzogen. „Roland ist ein blöder Fiesling. Den darfst du nicht ernst nehmen."

Doch Walter war gar nicht mehr niedergeschlagen. Er war sich nun sicher, dass Uli ein wahrhafter Freund war, was in diesem Augenblick das Wichtigste für ihn war. Toll Fußball zu spielen, das wollte er fürs Erste den bestbezahlten Profis überlassen.

Und während er sich auf das Halbfinale der Weltmeisterschaft mit der deutschen Nationalmannschaft freute, sagte Uli: „Du, das Spiel heute Abend werden wir uns doch gemeinsam ansehen, oder? Ich komm zu dir."

Wolfgang Rödig, *geboren in Straubing, wohnhaft in Mitterfels – mittlerweile 200 Veröffentlichungen in Anthologien, Zeitschriften und Zeitungen, auch einige eigene Gedichtbände.*

Daniela Schüppel

Mr Morris

Lea und Zoe waren unzertrennlich, so wie das bei Zwillingen meistens ist. Sie waren elf Jahre alt und sehr tierlieb, besonders Pferde hatten es ihnen angetan. Man könnte beinahe sagen, sie waren total pferdeverrückt.

Eines Tages teilten ihnen ihre Eltern mit, dass sie alle bald aufs Land ziehen würden, und kauften dort ein schönes, großes Haus. Nach dem Umzug erkundeten die Schwestern die Umgebung und zu ihrem großen Entzücken gab es nur zwei Gehminuten von ihrem neuen Zuhause entfernt einen Pony- und Pferdehof, der einer sehr netten Frau Schneider gehörte.

Eines Tages fragten Lea und Zoe Frau Schneider, ob sie beim Ausmisten und Putzen helfen dürften, und Frau Schneider sagte zu. Hilfe war immer willkommen und sie mochte die beiden temperamentvollen Kinder mit den langen roten Haaren, die nie um eine Antwort verlegen waren, was sie immer sehr zum Lachen brachte.

Ihre Zusage machte die Zwillinge sehr froh, darauf hatten sie insgeheim gehofft. Sofort waren sie mit großem Eifer dabei, dem Stallknecht Thomas für ein oder zwei Stunden zu helfen. Anfangs war der zwar nicht ganz so begeistert, weil er meinte, zwei elfjährige Mädchen hätten sicher nicht die Kraft dazu, eine Box sauber zu machen, und sie würden ihn vermutlich nur mit ihrem Rumgealbere nerven. Aber die beiden strengten sich wirklich an und mit der Zeit überzeugten sie Thomas dann doch, bis er ihnen irgendwann anerkennend auf die Schulter klopfte.

Zoe und Lea stellten sich geschickt an, natürlich waren sie nicht sooo stark, klar, aber sie hatten den Dreh raus und viel Spaß bei der Arbeit. Vor allem konnten sie gut mit Tieren umgehen.

An einem sonnigen Montag waren die beiden mal wieder auf dem Hof und schauten beim Reitunterricht zu. Und wie das eben manche so machten, raunten auch die Zwillinge einander ab und zu heimlich Kommentare zu, während sie die Reitschüler beobachteten. Zum Beispiel erfanden sie für die Kinder fiese Spitznamen wie *Fettsack* oder *Heulsuse*. Irgendein Name fiel ihnen immer zur Situation und zu den Leuten ein. Zoe und Lea schauten sich dann immer äußerst wissend an und kicherten in sich hinein.

Schade nur, dass sich ihr Vater bis jetzt nicht mit Reitunterricht für sie beide anfreunden konnte, denn er meinte, sie sollten lieber Geige oder Klavier üben. Jedoch wollten sie lieber bei den Pferden und Ponys sein und träumten davon, irgendwann einmal zusammen bei einem Reitturnier mitzumachen. Aber dazu brauchten sie natürlich Unterricht, das war ihnen klar.

Da sie also nicht offiziell Reitunterricht nehmen durften, obwohl Papa das Geld dazu hatte, kamen sie wenigstens fast jeden zweiten Tag nach den Schulaufgaben zu Schneiders und schauten zu, wie die anderen Leutchen dort ritten.

Meist gingen Lea und Zoe, nachdem sie eine Weile beim Unterricht zugeschaut und ihre besonders altklugen Kommentare dazu abgegeben hatten, zu den Offenstallungen und holten die Ponys zum Putzen heraus. Das hatte man ihnen erlaubt. Die Ponys putzen, ja, die Pferde, nein. Die wären noch zu groß, hatte Frau Schneider gemeint, was Lea und Zoe jedoch nicht sonderlich störte. Sie waren ja schon froh, dass sie sich überhaupt um die Ponys kümmern durften, und bürsteten sie voller Inbrunst und Ausdauer, bis sie wie Sterne glänzten.

Wenn ihr Vater das alles wüsste, dachten die Mädels dabei oft und grinsten sich schelmisch an.

Ihre Mutter war in diesem Fall nicht so streng und erlaubte ihnen, wenigstens ab und zu zum Putzen auf den Ponyhof zu gehen, wobei die Mädels daran arbeiteten, ihren Eltern endlich klarzumachen, dass Reiten ein sinnvolles Hobby sei, denn man lerne ja Verantwortung und mit den Tieren umzugehen. Um ihre Mutter nicht zu verärgern, blieben sie jedoch nie länger als zwei Stunden weg.

„Hey, Lea", sagte Zoe, als sie mit dem Putzen fertig waren und die Ponys wieder auf die Koppel gelassen hatten, und schaute auf ihre Uhr. „Lass uns doch noch mal in die Reithalle gehen, da hat nämlich gerade der Reitunterricht mit den Großpferden begonnen."

„Ja klar", kam die spontane Antwort.

Sie gingen beide in die Halle hinüber und setzten sich auf die Tribüne. Es ritten drei größere Mädchen auf Schimmelstuten und zwei Jungs auf einem Braunen und einem schönen Rappwallach, der einen Stern auf der Stirn hatte und den Zwillingen besonders gut gefiel. Sein Name war Mr Morris.

Lea und Zoe mochten das große, schlaksige Pferd sehr, und wenn es auf der Weide stand, krochen sie immer unter der Umzäunung durch, gingen zu ihm und streichelten es. Natürlich bekam Mr Morris dann auch was zum Naschen, meistens eine Mohrrübe.

Offiziell galt der Wallach als schwierig im Umgang und es durften nur die Fortgeschrittenen auf ihm reiten. Die Zwillinge scherten sich jedoch nicht um die Warnungen, denn sie liebten ihn so sehr, dass sie alle Angst, die eventuell hätte aufkommen können, damit im Keim erstickten. Es war einfach Liebe auf den ersten Blick gewesen!

Und das spürte der Wallach, er merkte, dass die beiden jungen Mädchen mit großer Zuneigung und ohne Angst auf ihn zugingen. Daher benahm er sich ihnen gegenüber sehr brav und die zwei konnten gar nicht verstehen, dass er als schwierig verschrien war.

Sowieso hatten Zoe und Lea den Eindruck, dass die Reitschüler mit Mr Morris nicht immer so gut umgingen, denn sie wurden schnell laut und garstig, wenn er nicht gleich das machte, was sie von ihm verlangten. Auch heute konnten sie das beim Reitunterricht wieder beobachten. Obwohl die beiden wenig Ahnung vom Reiten hatten, sahen sie trotzdem, dass der dicke Junge, den sie Fettsack nannten, Mr Morris völlig ungerecht mit der Reitgerte schlug, weil der nicht gleich antraben wollte.

Auch Frau Schneider registrierte dieses, nahm dem Fettsack sofort die Peitsche weg und drohte, ihn rauszuschmeißen, wenn sie so was nochmals sehen würde. „Eine Peitsche ist nicht zum Schlagen da, sondern nur zum Antippen, wenn deine Schenkel- und Treibhilfe nicht angenommen wird", sagte sie streng. „Merk dir das."

Der Fettsack lief rot an und murmelte so was wie „Entschuldigung."

„Ist okay", sagte sie zu ihm. „Denk nächstes Mal daran, treibe mehr und verbessere deine Schenkelarbeit." Ja, Frau Schneider war streng, aber auch fair, wenn man sich entschuldigte und daraus lernte.

Wie gerne wären Lea und Zoe auch mal auf Mr Morris geritten. Was für ein Traum! Aber zuerst mussten sie mal auf ein Pony rauf. Und das kam schneller als gedacht ...

Eines Abends hatten die zwei ihren Papa so weit gebracht, dass er ihnen zunächst einmal zehn Reitstunden genehmigte. Frau Schneider hatte ihnen dabei ausschlaggebend geholfen, weil sie ihren Vater angerufen und ihm erklärt hatte, dass seine Töchter wunderbar mit den Ponys umgehen würden, sodass es sicherlich sehr lohnenswert wäre, ihnen Reitunterricht zu genehmigen. Und ihr Vater war beeindruckt von dem Lob, das seine beiden Sonnenscheine betraf, die er über alles liebte. So konsequent er auch war, Frau Schneider konnte ihn letztendlich doch überzeugen. Sehr zur Freude seiner Töchter.

Frau Schneider suchte für die Zwillinge Susi und Fiona aus, zwei kleine Schimmelstütchen, die auch im Offenstall standen. Sie waren ungefähr 1,30 Meter im Stockmaß und von der Größe her ideal.

Die erste Reitstunde war grässlich anstrengend, Lea und Zoe hatten danach einen Mordsmuskelkater. Am schlimmsten war es, als sie auf die Ponys aufsteigen sollten. Lea nahm zu viel Schwung und landete auf der anderen Seite prompt wieder auf dem Boden.

Zoe stellte sich auch nicht so gut an und beide schämten sich in Grund und Boden, da die anderen Kinder zuschauten, tuschelten und grinsten. Nun wussten die Zwillinge, wie es war, wenn man ausgelacht wurde. Auch wenn die Kinder sich einigermaßen zurückhielten, denn Frau Schneider hätte nicht erlaubt zu lästern, die Zwillinge bemerkten es trotzdem.

Die zweite Reitstunde war schon ein wenig besser, zumindest fielen sie nicht mehr von den Ponys. Beide strengten sich sehr an und von Stunde zu Stunde wurde ihr Sitz langsam besser.

„Ja, Reiten ist anstrengend und erfordert Disziplin und auch Kraft", waren Frau Schneiders Worte. Wie recht sie hatte.

Trotzdem genossen Lea und Zoe das Reiten sehr und waren glücklich. Lea ritt meistens Susi und Zoe Fiona.

Nach einem halben Jahr waren die Mädels so weit, dass sie mit auf einen Ausritt durften. Schritt, Trab und Galopp ging schon recht sicher. Sie ritten fast zwei Stunden am Stück im Wechsel Schritt und Trab durch die Landschaft, bis eine kurze Galoppstrecke kam. Zoe und Lea setzten sich in den leichten Sitz, so wie sie es gelernt hatten, und dann ließen sie den Ponys die Zügel locker und die stoben davon. Sie hatten alle einen Heidenspaß an diesem Nachmittag und kamen müde, aber glücklich in den Stall zurück. Danach sattelten sie ihre Ponys ab, rieben sie trocken, stellten sie in den Stall und gaben ihnen ihr wohlverdientes Futter.

Anschließend traf sich die Gruppe im Reiterstüble des Hofes und Frau Schneider stellte eine große Kanne heißen Kakao auf den Tisch und einen Rosinenkuchen. Wie die Indianer fielen alle darüber her, aßen schwätzten und lachten. Es war so toll! Zoe und Lea fühlten sich in der Gemeinschaft völlig aufgenommen und waren sehr glücklich darüber. Nie mehr wollten sie sich über andere Reiter lustig machen. Es war doch viel schöner, sich mit allen gut zu verstehen und Spaß miteinander zu haben.

„Hört mal zu, ihr Lieben", sagte Frau Schneider in das Getümmel hinein. „Nächsten Monat, also in drei Wochen, ist im Nachbardorf ein kleines Reitturnier, auch für Anfänger. Möchtet ihr da mitmachen?"

„Ja, ja, ja!", kam es von allen Seiten und Frau Schneider musste lachen.

„Gut, dann fangen wir gleich morgen Nachmittag mit dem Trainieren an. Bei dem Turnier gibt es auch Geschicklichkeitsaufgaben wie Eierlaufen und Stuhlrennen."

Am nächsten Nachmittag trafen sich alle im Stall und jeder sattelte sein Pony. Auf einmal hatte Zoe eine Idee. Warum denn nicht mal auf Mr Morris reiten? Keiner wollte mit ihm trainieren und er stand nur rum. Wenn sich Zoe was in den Kopf gesetzt hatte, konnte man sie kaum mehr davon abbringen. Lea war ähnlich gestrickt. Beide wussten genau, was sie wollten.

Zoe ging zu Frau Schneider und fragte sie, ob sie mit Mr Morris reiten dürfe. Diese lachte jedoch nur und sagte: „Willst du runterfallen? Dann viel Spaß!" Damit drehte sie sich um und ging weg, kam jedoch gleich wieder, denn sie hatte ja eine Verantwortung.

„Ach, bitte, bitte!", lachte ihr Zoe ins Gesicht. „Mr Morris ist mein Lieblingspferd und er tut Lea und mir nichts."

„Woher willst du das wissen?", antwortete Frau Schneider.

„Weil wir des Öfteren schon bei ihm waren", entgegneten die Zwillinge wie aus einem Mund. Lea hatte sich zu ihrer Schwester gestellt. Sie würde lieber erst mal mit Susi reiten, die war sie gewohnt. Doch Zoe wollte alles auf eine Karte setzen.

„Also? Darf ich?", lächelte Zoe und klapperte mit ihren Augendeckeln, was sie ziemlich gut konnte.

„Wie, wo, was, wann wart ihr bei Mr Morris?", fragte Frau Schneider und war entsetzt, dass ihr das nicht aufgefallen war.

„Ach, fast jedes Mal, wenn wir hier zum Putzen und Ausmisten sind. Er ist ganz brav", meinte Zoe.

„Okay, ihr zwei Hühnerchen", sagte Frau Schneider liebevoll, „dann kommt mal mit. Das möchte ich selbst sehen. Falls es stimmt, ich hoffe es für euch, denke ich drüber nach."

Zoe hüpfte in Vorfreude auf und ab. Dann gingen alle drei zu Mr Morris, der auf der Koppel stand und graste.

„So, du kleines Wundermädchen, dann zeig mal, was du kannst", lachte Frau Schneider.

Zoe ließ sich das nicht zweimal sagen, schlüpfte unter dem Zaun durch, ging mit einer Karotte in der Hand auf Mr Morris zu und blieb einige Meter vor ihm stehen. Er hatte seinen Kopf gehoben und wieherte leise. Dann schlenderte er zu Zoe, nahm mit sanften Lippen die Karotte und rieb seinen Kopf an ihrer Schulter. Frau Schneider, die das fassungslos beobachtet hatte, fiel fast der Kinnladen auf die Brust, so baff war sie. *Das* hatte Mr Morris noch nie gemacht und sie hatte tatsächlich sogar schon mal darüber nachgedacht, ihn zu verkaufen, weil keiner mit ihm klarkam.

„Okay, Zoe, dann nimm ihn am Halfter und führe ihn zum Putzplatz", sagte Frau Schneider und gab ihr den dazugehörigen Strick, der am Zaun hing.

Zoe ließ sich das nicht zweimal sagen, befestigte den Strick am Halfter und führte den Wallach von der Koppel zum Putzplatz, in aller Seelenruhe, wie wenn sie noch nie etwas anderes gemacht hätte.

„Wahnsinn, Wahnsinn", murmelte Frau Schneider in sich hinein. Und sie nahm sich vor, dies als Sonderfall zu betrachten und Zoe wenigstens versuchen zu lassen, den Wallach zu reiten. „Aber erst mal nur an der Longe, hörst du?", schärfte sie Zoe ein. Diese nickte nur und grinste breit, während sie Mr Morris putzte. Dann musste der Sattel drauf, was Thomas für sie machte. Trense und Ausbinder schaffte Zoe alleine. Dann führte sie Mr Morris in die Reithalle und verlängerte den Steigbügel, damit sie aufsteigen konnte. Oben angekommen verkürzte sie ihn wieder.

Frau Schneider beobachtete die Szene erneut fassungslos. Was war nur in Mr Morris gefahren, warum war er so brav?

Dann fing sie an, das Pferd mit Zoe obenauf zu longieren, und alles ging gut. Mr Morris machte keinerlei Anstalten, zu buckeln oder sich sonst wie unfreundlich zu verhalten. Alles ging glatt, im Schritt, Trab und Galopp.

Danach löste Frau Schneider den Haken der Longe von der Reittrense und sagte zu Zoe: „Okay, meine Liebe, viel Erfolg, du kannst das!"

Zoe fühlte sich wie im siebten Himmel, als sie mit ihrem Lieblingspferd langsam um die Bahn ritt. Dann trabte sie an und drehte einige Runden im Richtungswechsel. Anschließend wieder einige Runden Schritt. Zuletzt galoppierte Zoe den Großen an und er fiel in einen leichten Arbeitsgalopp. Ganz geschmeidig und ruhig schwebte er mit dem Mädchen auf dem Rücken durch die Halle, lange Bahn, kurze Bahn, dann wieder in Schritt, und kam zum Stehen.

Alle, die zugeschaut hatten, klatschten Beifall, und Zoe wurde ganz rot, so verlegen und auch glücklich war sie. Dann stieg sie auf Anraten von Frau Schneider wieder ab, um dem Pferd ein gutes Gefühl zu geben, und stellte es nach dem Absatteln und der Pflege wieder auf die Koppel.

Nun war es amtlich: Zoe durfte ab sofort auf Mr Morris reiten, und zwar nur sie! Das war der glücklichste Tag in ihrem Leben. Lea freute sich mit ihr und alle anderen auch.

Ab diesem Tag trainierte sie Mr Morris für das kommende Turnier und sie machten gute Fortschritte miteinander. Ebenso wie Lea mit Susi.

Frau Schneider teilte ihren Eltern mit, dass sie beide Naturtalente seien und sie froh wäre, dass sie sich schon so weit entwickelt hätten. Die Eltern hörten das natürlich gerne und waren sehr stolz auf ihre beiden Mädels.

Dann kam der Tag X. Es war ein grauer Morgen und alle waren superaufgeregt. Sie fuhren mit dem Lastwagen, der von Thomas gesteuert wurde, ins Nachbardorf zum Turnier. Dort angekommen erhielten sie einen schönen Platz unter Bäumen.

Und dann ging's auch schon los.

Die anderen kamen alle vorher dran, Lea und Zoe ritten zum Schluss. Ihre Eltern standen am Zaun und winkten ihnen zu. Besonders ihr Vater war superstolz auf seine Töchter.

Lea und Susi machten einen guten Eindruck, sie schafften den zweiten Platz bei der Prüfung für Anfänger.

Dann ritt Zoe mit Mr Morris ein und es wurde ganz still unter den Zuschauern. Alle starrten das kleine Mädchen auf dem riesigen Pferd an und manche brachten ihren Mund vor Staunen nicht zu.

„Jetzt bist du dran, bitte hilf mir, dass wir es schaffen, mein Süßer", flüsterte Zoe Mr Morris ins Ohr.

Der sah aus, als ob er seine Reiterin verstanden hätte, nahm Haltung an und schwebte mit dem Kind elegant durch die Bahn, sodass der Richter beide fasziniert anstarrte.

Dann waren sie auch schon wieder draußen, Zoe hatte das Gefühl, wie im Traum zu reiten. Glücklich glitt sie von dem Riesen herunter und ihre Eltern fingen sie auf, die in der Zwischenzeit herbeigeeilt waren, um ihre beiden Töchter in die Arme zu nehmen.

„Wir sind sehr stolz auf euch", sagten sie.

Da ertönte eine Stimme und Zoes Nummer wurde aufgerufen. Sie stieg wieder auf und ritt in die Bahn zur Siegerehrung. Sie hatte tatsächlich den ersten Platz für Anfänger errungen. Das hatte sie nicht erwartet und glücklich drehte sie mit den anderen Teilnehmern eine Ehrenrunde.

Als sie wieder zum Abschwitzplatz ritt und dort abstieg, kam gerade Frau Schneider dazu. Auch ihre Eltern und ihre Schwester Lea mit Susi waren dort.

Frau Schneider fragte Zoes Vater, ob er nicht das Pferd für seine Tochter Zoe kaufen wolle. Und er sagte tatsächlich zu! Aber nur unter der Bedingung, dass Lea Susi bekäme.

Frau Schneider war einverstanden und so bekamen die beiden Mädels ihr erstes eigenes Pferd beziehungsweise Pony.

Es war der glücklichste Tag in ihrem Leben, dem noch viele weitere glückliche Tage folgen sollten ...

Daniela Schüppel *wurde 1959 in Pforzheim/Baden geboren und wohnt im Kreis Calw. Sie schreibt Geschichten für Kinder, Märchen und Gedichte, besonders Liebeslyrik.*

Susanne Rzymbowski

Knollerich auf Reisen

Tapsig waren die kleinen Schritte von Knollerich, als er sich auf den Weg in die weite Welt machte. Knollerich lebte in einem großen Wald, an einem recht versteckten Ort, den noch niemand gefunden hatte. Er hatte kleine Ohren, eine rote Nase, tiefbraune Augen und ähnelte einem Pandabären, wenn nicht sein Fell grasgrün und braun gefleckt gewesen wäre.

Mit diesen Farben war er nicht alleine, denn fast alles um ihn herum war grün und braun und so war es für jedermann sehr schwer, Knollerich überhaupt auszumachen. Aus diesem Grund bekam Knollerich auch nur wenig Besuch, denn die übrigen Waldbewohner übersahen ihn oftmals. Knollerich sprach deshalb auch nur selten, denn mit wem hätte er sich schon unterhalten sollen, wo man ihn doch ständig übersah?

In Vollmondnächten jedoch, wenn der Mond ganz hell leuchtete, bekam er Besuch vom Uhu, der ihn sah, während die übrigen Waldbewohner schon längst schliefen.

An einem schönen Abend begab es sich also, dass es Knollerich, der mal wieder auf seinem Moosdeckchen saß und den aufgehenden Mond betrachtete, dabei ein wenig von seinem Blaubeersirup naschte, mit einem Male so weh ums Herz wurde, dass er den festen Entschluss fasste, seine viel geliebte Heimat zu verlassen, um in die weite Welt zu ziehen. Der Uhu hatte ihm nämlich einmal erzählt, dass es weit weg von ihrer Heimat einen Ort gab, der nicht nur grün und braun war, und dass es dort ganz viele Einwohner gab. Auch solle es dort Tag und Nacht ganz hell sein, sodass man immer gesehen werden konnte.

Knollerich wollte sich am liebsten direkt auf den Weg machen, da er immer ein wenig ungeduldig war. Er konnte es kaum erwarten, dass der Tag anbrach, denn er wollte sogleich am frühen Morgen losmarschieren.

Da er so aufgeregt war, konnte er in dieser Nacht nur schlecht schlafen, was aber nichts mit dem Vollmond zu tun hatte, der wie eine große Kugel in sein Mooshäuschen schien, sondern mit seiner Vorfreude auf das bevorstehende Abenteuer. In allen möglichen Farben malte sich Knollerich den fremden Ort aus und grübelte noch lange darüber nach, wie es wohl sein konnte, dass es dort Tag und Nacht immer ganz hell war.

Trotz wenig Schlaf packte Knollerich am nächsten Morgen sein Bündel, in welchem er vor allem seinen viel geliebten Blaubeersirup verstaute, und begab sich auf die Reise. Tapsig waren seine ersten Schritte, doch von Stund zu Stund wurden sie immer sicherer, hatte er doch ein großes Ziel vor Augen.

Wie immer wurde er auch jetzt von niemandem gesehen, denn sein Bündel war ebenfalls braun-grün und im dichten Gestrüpp kaum auszumachen.

So begab es sich also, dass Knollerich ungesehen und ungehört den Wald einfach verließ und von keinem Abschied nahm. Leise summte er dabei das ein oder andere Liedchen, das er von den zwitschernden Gesängen der kleinen Rotkehlchen gelernt hatte, und hatte kaum Augen für die schönen grünen Wiesen, die moosbedeckten Hänge und das raschelnde Unterholz, durch das er auf seinem Weg spazierte.

Er ging schon eine ganze Weile, als er sich plötzlich vor einem reißenden Bachbett wiederfand. Hatte der Uhu nicht gesagt, dass er diesen Strom überqueren musste? Knollerich kratzte sich ratlos an seinen kleinen Ohren und hielt Hilfe suchend nach einer Brücke Ausschau. Wie sollte er da bloß rüberkommen, wo er doch nicht schwimmen konnte und ehrlich gesagt auch recht wasserscheu war.

Ziemlich ratlos setzte er sich erst einmal hin, packte seinen Blaubeersirup aus und naschte von dem süßen, klebrigen Brei, der ihn nach der langen Wanderung stärkte.

So verging einige Zeit und nichts passierte, außer dass Knollerich nachdenklich ins tosende Wasser starrte. Sollte hier seine Reise schon zu Ende sein?

Nein! So schnell ließ sich Knollerich nicht von seinem Ziel abbringen. Es musste doch irgendwo eine Stelle geben, die er überwinden konnte.

Also stand er doch wieder frohgemut auf und ging sehr, sehr lange am Bachlauf entlang, der sich endlos durchs Land schlängelte.

Ja, und wie sollte es anders sein? Nach einer geraumen Zeit entdeckte Knollerich zwar keine Brücke, aber ein paar große Steine, die im Bachbett lagen und eine Möglichkeit der Überquerung boten. Knollerich fasste sich ein Herz. Mit großen Sprüngen, sich selbst über seine Behändigkeit wundernd, mit rudernden Armen balancierend, hechtete er von Stein zu Stein und war in null Komma nichts auf der anderen Seite angelangt. Seine Füße waren zwar dabei ein wenig nass geworden, aber das störte ihn nun gar nicht mehr. Denn er war so voller Freude über seine gelungene Überquerung, dass er einen ganz lauten Seufzer ausstieß und dabei in die Hände klatschte.

Von diesen Geräuschen aufgeschreckt, piepste plötzlich eine kleine Maus, die sich im Feld verbarg: „Warum machst du denn solchen Krach, da kann man ja gar nicht schlafen."

Knollerich schaute, durch die piepsige Stimme aufmerksam geworden, nach rechts und links und konnte erst einmal niemanden sehen.

Die Maus, die zwischenzeitlich aus ihrem Mauseloch gekrochen war, sagte: „Hier unten, du musst schon gucken, dass du mich siehst. Ich bin zwar ein bisschen kleiner als du, aber dafür auch nicht von gestern."

Nun entdeckte Knollerich die Maus und plötzlich musste er laut lachen.

„Was ist denn jetzt so amüsant?", fragte die Maus mit einer etwas verärgert klingenden Stimme.

„Ach", antwortete Knollerich, „jetzt hab ich dich doch tatsächlich übersehen, wo ich mich sonst immer darüber ärgere, wenn man übersehen wird. Das ist wirklich komisch. Ich danke dir – und wenn es dir nichts ausmacht, gehe ich jetzt wieder nach Hause, denn ich bin schon ziemlich lange unterwegs und hab niemandem Bescheid gesagt, die machen sich bestimmt schon Sorgen. Vorher könnten wir noch ein wenig Blaubeersirup naschen, ich gebe dir gerne etwas ab."

„Oh, das ist fein, denn ich habe noch nicht zu Mittag gegessen", erwiderte da die Maus.

Und so kam es, dass Knollerich und die Maus gemeinsam am Bachlauf saßen, der jetzt ganz ruhig vor sich hin plätscherte, und Blaubeersirup naschten, wobei sie sich eine Menge zu erzählen hatten.

Susanne Rzymbowski, geboren 1964 in Köln, Grundstudium in Theater-, Film-, Fernsehwissenschaften, Germanistik und Kunstgeschichte, im Büroalltag zu Hause, dennoch nicht die Lust am Schreiben und Staunen verloren. Sie nimmt an den unterschiedlichsten Ausschreibungen teil, um das eigene Schreibfieber auszuleben und neue Ideen zu entwickeln. Vor allem lyrische Texte liegen ihr am Herzen, sie schreibt aber auch gerne Kurzgeschichten und lässt sich hier von den unterschiedlichen Ausschreibungsthemen inspirieren.

Sabine Siebert

Anna und Gesa

„Mach nicht so ein trauriges Gesicht, Anna", bat Jenny ihre
Tochter.

„Was soll ich auf dem Land?"

„Wir haben doch darüber gesprochen."

„Ich will aber lieber in München bleiben." Anna warf sich
schwungvoll gegen die Rückbank und trat mit dem Fuß gegen
den Fahrersitz.

„Oma und Onkel Franz freuen sich auf uns", versuchte es die
Mutter erneut.

Doch Anna antwortete nicht. So fuhren sie schweigend durch
unzählige Dörfer, die sich alle ähnelten. Sie brauchten ein neues
Zuhause. Nur weil Papa eine andere Frau hatte, musste Anna auf
ihre Freundinnen, die alte Schule und die Stadt verzichten. Das
war ungerecht. Anna ballte die Fäuste. Aber was konnte sie tun?
Sie war zehn Jahre alt und musste machen, was die Erwachsenen wollten.

Jenny steuerte den alten Golf zu einem einzelnen Haus, das
Anna von Besuchen bei der Großmutter kannte. „Komm schon",
drängte die Mutter, die bereits die Fahrertür geöffnet hatte.

Sie umarmten die Oma, die sie vor dem Haus bereits erwar-
tete. „Schön, dass ihr endlich da seid. Kommt rein. Gleich gibt's
Frühstück."

Sie gingen in die Küche, in der ein alter, blank gescheuerter
Eichentisch stand, der mit vier Frühstücksbrettern und allerlei
Wurst gedeckt war. Der Duft nach frisch gebackenem Brot stieg
Anna in die Nase und sie setzte sich auf die Eckbank.

Kurz darauf klappte die Haustür und ein großer, sonnenge-
bräunter Hüne mit schwarzem Vollbart, krausen Haaren und
blauen Augen betrat die Küche. Mit tiefer Bassstimme rief er:
„Da sind ja meine Mädels endlich." Er umarmte Anna und sei-

ne Schwester herzlich. „Wann kommt denn der Möbelwagen?",
fragte er.

„In ein bis zwei Stunden", antwortete Jenny.

Die Erwachsenen redeten ununterbrochen, während Anna an
ihre Freundinnen dachte und was sie wohl jetzt in den Ferien
machten. Nach dem Essen zeigte Onkel Franz ihnen den Hof. Es
gab fünfzehn Milchkühe und einen bunten Hahn mit zehn Hen-
nen. Aus der Scheune kam Kater Fridolin mit einer dicken Maus.

Am anderen Ende des Hofs befanden sich zwei große Zwinger.
Stolz zeigte der Onkel ihnen seine Schäferhunde. Da gab es Bessi
und Fella und in dem anderen war Dunja mit ihren vier Welpen.
Sie sprangen an der Zwingertür hoch und bellten. Erschrocken
wich Anna zurück.

„Du brauchst keine Angst zu haben", versuchte Onkel Franz sie
zu beruhigen, „sie tun dir nichts. Du gehörst doch zur Familie."

Doch Anna hatte schreckliche Angst vor Hunden, seit sie als
kleines Mädchen von einem riesigen Exemplar umgestoßen
worden war. Deshalb machte sie lieber einen Bogen um diese
Tiere. Und diesen Teil des Hofes würde sie sicher meiden.

Der Möbelwagen kam und die Besichtigungstour war beendet. Im ersten Stock des geräumigen Bauernhauses lagen die
Zimmer von Anna und ihrer Mutter. Anna bekam ein Zimmer mit
Blick über den Garten, die angrenzenden Wiesen und Felder. Zuerst brachten die Männer ihre Möbel und stellten sie auf. Dann
kamen die Kisten mit ihrer Kleidung und den Spielsachen.

„Du kannst schon einräumen", sagte die Mutter.

Der Onkel hatte das Zimmer renoviert, Holzboden und Wände rochen noch nach Wald, fand Anna. Sie hängte ihre Hosen,
Röcke, Blusen und Kleider in den Schrank. Unterwäsche und
Pullover fanden ihren Platz in den Fächern. Zuletzt kamen die
Socken in die Schublade. Winnie Pu und seine Freunde Tigger,
Ferkel und I-Aah nahmen auf der Couch Platz. Die vier Stofftiere
waren seit Jahren ihre Freunde. In einer Kommode fanden Spie-
le und Malsachen Platz. Zuletzt räumte Anna ihre unzähligen Bücher in die zwei großen Regale, die über Kommode und Schreib-
tisch angebracht waren. Anna war eine Leseratte. Am liebsten
las sie Märchen und Abenteuerbücher. Doch ihr Lieblingsbuch
war *Pu der Bär*.

Als sie endlich alles eingeräumt hatte, war es bereits Abend. Nun saßen sie wieder zu viert in der geräumigen Küche. Vom vielen Auspacken war Anna müde und ging nach dem Essen freiwillig ins Bett. Ihre Mutter hatte ihre Lieblingsbettwäsche – natürlich mit Pu dem Bären – aufgezogen. Sie kam, um Anna Gute Nacht zu sagen, setzte sich aufs Bett und umarmte ihre Tochter.

„Ich bin sehr stolz auf dich. Du warst so fleißig und hast dein Zimmer ganz alleine eingeräumt. Gute Nacht und süße Träume." Sie gab Anna einen Kuss.

Die nächsten Tage vergingen schnell. Anna erkundete mit dem Fahrrad die Umgebung. Bis zum Ortskern waren es mit dem Rad nur zehn Minuten. Am Marktplatz gab es einen Brunnen, einige Geschäfte und einen Italiener, der leckeres Eis verkaufte. Schnell hatte Anna ihre Lieblingssorte – Holunderjoghurt – entdeckt. Täglich holte sie sich zwei Kugeln, schlenderte durch den Ort und radelte bis zu ihrer neuen Schule. Die lag am anderen Ende des Ortes und Anna musste einen kleinen Hügel überwinden. Es waren Ferien und die meisten Kinder verreist. Anna fragte sich, wie es in der Schule werden würde.

Ihre Mutter arbeitete im Pflegeheim. Wenn sie Frühschicht hatte, holte Anna sie ab und dann gingen die beiden zum Weiher baden oder erkundeten den Wald.

An einem Septembermorgen bat die Oma: „Ich möchte einen Apfelkuchen backen. Holst du mir bitte Äpfel aus dem Garten?"

Anna nickte und nahm den Korb, der auf der Bank stand. Sie ging über den Hof, machte einen weiten Bogen um die Hundezwinger und schon stand sie im Garten. Am Apfelbaum lehnte eine Leiter. Flink wie ein Wiesel kletterte Anna die Sprossen hinauf.

Sie hatte schon einige Äpfel gepflückt, als sie ein Quietschen und Bellen hörte. Sie erschrak, als sie die Ursache erkannte. Dunja, die schwarz-gelbe Schäferhündin, lief mit ihren vier Welpen geradewegs auf Annas Baum zu, denn dieser Teil des Gartens diente als Hundeauslauf. Das durfte doch nicht wahr sein.

„Onkel Franz!", rief sie. „Bitte sperr die Hunde ein!" Aber er war nirgends zu sehen.

Wie versteinert stand Anna auf der Leiter und wagte kaum, nach unten zu sehen, wo die kleinen Monster auf sie warteten. Auch wenn ihr die sechs Wochen alten Welpen nicht wirklich gefährlich werden konnten und das Muttertier ihr vermutlich nichts tun würde, trieb ihr die Angst Schweißperlen auf die Stirn. Ihre Hände wurden feucht, sodass sie sie am T-Shirt abwischen musste. Was sollte sie tun?

Eigentlich brauchte sie dort oben nur lange genug auszuharren, dann würden die Jungtiere müde werden und in den Zwinger zurückkehren.

Die Zeit schien stillzustehen. Aber die jungen Hunde dachten nicht daran, sich einen anderen Spielplatz zu suchen. Sie schienen das Mädchen zu belauern. Wahrscheinlich machte es ihnen Spaß, Anna zu ärgern. Es war mindestens eine halbe Stunde vergangen.

„Onkel Franz!", rief Anna wieder verzweifelt. Doch es kam keine Antwort. Der Onkel war nicht da.

Was konnte Anna tun? Sollte sie sich dem Boden nähern, wo vier freche Welpen mit ihren nadelspitzen Zähnen auf sie warteten? Lange konnte sie sich nicht mehr auf der Leiter halten. Der Korb wurde immer schwerer und zu allem Überfluss musste sie dringend zur Toilette. Welche Wahl hatte sie?

Todesmutig kletterte Anna hinunter. Kaum berührten ihre Füße den Boden, waren vier Wirbelwinde um sie herum. Mit dem Obstkorb versuchte sie, die Kleinen abzuwehren. Nur fünfzehn Meter waren es bis zur rettenden Tür. Zwei Welpen bissen in den Korb. Doch Anna kämpfte sich tapfer vorwärts, bis der einzige schwarz-gelbe Hund ihr Schuhband erwischte und sich darin festbiss. Er hielt es für ein Spiel und ließ nicht los.

So war Anna gezwungen, den Welpen zu berühren. Sie griff in seinen Nacken, um ihn abzuschütteln. Da drehte er den Kopf und leckte Anna mit seiner kleinen, feuchten Zunge die Hand. Sie war völlig überrascht und streichelte das schwarz-gelbe, weiche Babyfell. Dann strich Anna über den Kopf und der kleine Hund stupste ihre Hand mit der Schnauze an.

Gedankenversunken kraulte sie seinen Bauch, den der Welpe ihr entgegenstreckte. Die Welt um sich herum hatte Anna vergessen und nicht bemerkt, dass Onkel Franz sie beobachtete.

Das kleine Fellknäuel hatte ihre ganze Aufmerksamkeit auf sich gezogen. Onkel Franz winkte Anna zu sich, nahm ihr den Korb ab und dann gingen sie gemeinsam zur Gartentür. Der Welpe winselte. Anna blickte sich um und sah in braune Knopfaugen.

Am Abend erzählte sie ihrer Mutter, was passiert war. Wütend schleuderte Jenny ihrem Bruder entgegen: „Wie konntest du die Hunde in den Garten lassen, als Anna dort war?"

„Es tut mir leid, aber ich habe Anna nicht gesehen."

Als ihre Mutter weiterschimpfen wollte, legte Anna ihr die Hand auf den Arm. „Aber, Mama, es ist doch nichts passiert." Erleichtert drückte ihre Mutter sie.

Nachts träumte Anna von dem jungen Hund.

Am nächsten Morgen fragte Anna ihren Onkel: „Wollen wir mal zu den kleinen Hunden gehen?"

Franz lächelte und nickte. Dann nahm er sie bei der Hand und sie gingen zu den Zwingern. Sofort drängten sich die drei grauen und der schwarz-gelbe Welpe gegen das Gitter.

„Möchtest du einen streicheln?", fragte der Onkel und Anna nickte. „Welcher soll es sein?"

„Der da." Anna zeigte auf den schwarz-gelben.

„Das ist eine Sie, die Gesa heißt." Franz holte sie aus dem Zwinger und nahm sie auf den Arm. „Nun kannst du sie streicheln."

„Das Fell ist ganz weich", schwärmte Anna.

„Ja. Das ist noch das Babyfell. In ein paar Wochen werden die Haare fester." Er setzte die kleine Hündin auf den Boden.

Anna bückte sich, die Kleine warf sich auf den Rücken und ließ sich den Bauch kraulen. Nach einer Weile setzte Franz sie wieder in den Zwinger. Gesa wurde von vorne bis hinten von ihrer Mutter abgeschleckt. Anna schaute zu.

Von da an ging Anna jeden Tag zu den jungen Hunden. Zuerst mit dem Onkel und später sogar alleine. Durch die kleine Schäferhündin hatte sie ihre Angst verloren. Sie spielte auf der Wiese mit ihr, und wenn Gesa sie mit ihren spitzen Zähnen zwickte, lachte sie nur. Sie wurden beste Freunde.

Bald waren die jungen Hunde alt genug, um verkauft zu werden. Immer wieder schauten sich Interessenten die Tiere an.

Wenn Anna das sah, wurde sie ganz traurig, denn sie wollte sich nicht von Gesa trennen. Deshalb blieb sie auf ihrem Zimmer, wenn die Hundekäufer kamen. Sie wollte nicht zusehen, wie Gesa den Hof verließ. Erst zum Abendessen kam sie in die Küche.

Onkel Franz fragte: „Wo warst du den ganzen Tag, Anna?"

„Ich wollte mich nicht verabschieden", schluchzte sie.

„Das brauchst du auch nicht. Gesa bleibt hier. Du bekommst sie zu deinem Geburtstag, wenn du versprichst, dich um sie zu kümmern."

Blitzschnell sprang Anna auf und ihrem Onkel um den Hals. Dann rannte sie zum Zwinger.

„Was ist mit dem Essen?", rief ihre Mutter ihr hinterher.

„Keine Zeit!", brüllte Anna, dann war sie schon bei ihrer Gesa, nahm sie in den Arm und flüsterte ihr ins Ohr, dass sie nun für immer zusammen sein würden.

Sabine Siebert *lebt in Altomünster, ist 54 Jahre alt, verheiratet und Eisenbahnerin. Sie hat bereits mehrere Kurzgeschichten in Anthologien veröffentlicht. Ihre Hobbys: Lesen, Schreiben, Spazierengehen.*

Jochen Stüsser-Simpson

Wie mutig sind die Tiere?

„Ich habe ein neues Spiel erfunden", ruft Jan, „kommt mal her!" Der Junge macht mit seinen Schwestern und mit Mama und Papa eine Woche Ferien auf dem Bauernhof am See. „Das Spiel heißt: *Wie mutig sind die Tiere?* Wir gehen einfach auf sie zu und sehen, wie nahe wir herankommen, bis sie weglaufen oder wegfliegen. Manche Tiere sind mutig – wie hier die kleine Katze auf der Bank, sie bleibt schön sitzen und schnurrt sogar, wenn ich sie streichele."

Auch Nele streicht der Katze über das Fell, schön weich.

Nun macht Jan ein paar schnelle Schritte auf zwei Hühner zu und bremst kurz vor ihnen ab. Sie flattern mit den Flügeln und rennen gackernd davon. Ja, sie haben weniger Mut als die Katze.

Inzwischen ist auch Anna da. „Was macht ihr denn mit den armen Hühnern?", fragt sie. Sie erklären Anna das neue Spiel, die sagt: „Klar, die Hühner haben mehr Angst als die Katze. Wir essen ja auch ihre Eier und manchmal sogar Hühnchenfleisch. Aber niemals Katzenfleisch."

Nele verzieht den Mund. „Igitt."

Weil der Bauer von Rehen auf den Wiesen hinter dem Stall erzählt hat, gehen die Kinder um die Ecke und – siehe da – in einiger Entfernung stehen drei Rehe und heben die Köpfe in Richtung der Kinder, bevor sie langsam in den Wald laufen.

Die Kinder gehen den Hang hinunter zum See. Im Gras sitzt eine Amsel und fliegt gleich weg, als sie sich nähern.

„Die Tauben bei uns in der Einkaufsstraße fliegen nie weg, sogar dann nicht, wenn ich in die Hände klatsche", erzählt Nele.

Anna lacht. „Dann müssen die Tauben ja sehr mutig sein."

„Irgendwann fliegen sie immer weg", bemerkt Jan und Anna fügt hinzu: „Man kann auch ohne Angst wegfliegen. Aus Langeweile zum Beispiel."

Auf der Wiese glänzt zwischen zwei Brennnesseln Spinngewebe. Jan wedelt mit den Händen darüber, eine große Kreuzspinne krabbelt an den Rand des Netzes und duckt sich auf ein Blatt. Ist sie jetzt mutig, weil sie hier sitzen bleibt?

„Vielleicht läuft sie aus Angst nicht weg", meint Anna.

Nele fragt: „Ist Angst eigentlich schlecht und Mut gut?"

Jan richtet sich auf. „Wenn ich ein Angsthase bin, ist das doch nicht gut!"

„Aber", Anna hebt den Finger, „wenn die Hasen vor dem Fuchs nicht weghoppeln, werden sie gefressen. Also ist Angst nicht so schlecht."

Die Kinder betreten den Steg und bemerken auf dem Wasser davor eine Bewegung. Eine Schwanenfamilie gleitet langsam vorüber, zwei große weiße Schwäne und zwischen ihnen drei kleine braune Schwanenkinder. Plötzlich dreht sich der eine große Schwan zur Seite und schwimmt genau auf den Steg zu. Gleichzeitig beginnt er, sehr laut zu zischen.

Anna und Lena laufen ganz schnell zurück zum Ufer, Jan macht nur ein paar Schritte zurück, bis ihn der Schwan mit seinem langen Hals und dem zischenden Schnabel nicht mehr erreichen kann.

Auf dem festen Land sagt Lena: „Ich habe noch nie so viel Angst gehabt. Warum ist der Schwan so böse? Ich finde ihn doch sehr schön."

Als Jan kommt, stupst ihn Anna auf die Brust. „Das ist Angeberei. Du kannst ruhig weglaufen."

Jochen Stüsser-Simpson lebt in Hamburg, liest und schreibt gerne.

Susanne Rzymbowski

Peter kriegt Besuch

In einem winzig kleinen Dorf nahe der holländischen Grenze lebt der kleine Peter mit seinen Eltern in einem alten Backsteinhaus. Das ist rot und hat einen dicken Schornstein. Peters Eltern sind beruflich viel unterwegs, sodass der Junge die meiste Zeit alleine ist. Das macht Peter aber nicht viel aus, denn er verbringt den Tag gerne mit seinen Zinnsoldaten, die er reihenweise in seinem Zimmer aufgestellt hat, um die tollsten Schlachten und Manöver mit ihnen durchzuspielen. Kinder in seinem Alter gibt es leider nicht mehr in dem Dorf, sodass Peter sich vorwiegend in seinem Zimmer aufhält.

Eines Tages jedoch, als er wie immer vertieft mit seinen Zinnsoldaten spielt, hört er ein Poltern aus dem Wohnzimmer der Eltern, die doch gar nicht da sind.

Zuerst denkt Peter, er hätte sich verhört und sein Spieleifer hätte ihm einen Streich gespielt, denn er vergisst alles um sich herum, wenn er mit seinen Zinnsoldaten zugange ist, und hört oftmals das Knallen der Kanonen oder das Rascheln des Schilfs, wenn seine Mannen in seiner Fantasie mit ihm durch die Wälder ziehen.

Aber diesmal ist es nicht so, denn es poltert schon wieder.

Peter wird es etwas mulmig zumute. Nur zögerlich legt er seine Zinnsoldaten auf den Boden zurück und begibt sich langsam mit leisen Schritten zur Tür seines Zimmers, um vorsichtig Ausschau zu halten. Er lugt in den Flur – da, schon wieder poltert es! Jetzt ist Peter trotz Unbehaglichkeit doch so neugierig, dass er langsam über den Flur Richtung Wohnzimmer schleicht. Wie ein Puma pirscht er sich vor, ganz bedächtig sind seine Bewegungen.

Behutsam öffnet er die Wohnzimmertür, die ein wenig knarrt und ihn fast verraten hätte. Und schon wieder ertönt ein Poltern!

Peter späht ins Wohnzimmer wie ein Indianer, der nach einem Bison Ausschau hält.

Oh je ... eine große schwarze Krähe sitzt mitten auf dem Wohnzimmertisch und hat mit ihrem aufgeregten Geflatter schon die gute Vase umgestoßen, die jetzt kullernd mit Getöse hinunterfällt und auf dem Boden zerbricht.

Peter bleibt verdutzt und ratlos im Türspalt stehen. Nun sieht ihn die Krähe auch noch und fängt aus vollem Halse an zu krächzen, dass es Peter in den Ohren dröhnt. Was soll er bloß tun? Die Krähe muss auf jeden Fall aus dem Zimmer, bevor sie alles durcheinanderbringt.

Peter fasst sich ein Herz und reißt in Windeseile alle Fenster auf. Die Krähe, aufgeschreckt von Peters Lauf, fliegt auf und landet kreischend auf dem Kronleuchter, wo sie vornübergebeugt weiter lauthals mit wippendem Kopf eindringlich vor sich hin lärmt.

Sie muss in den Schornstein gefallen sein, überlegt Peter, denn nun sieht er auf dem hellen Teppichboden eine rußige Spur von Krähenfußabdrücken und auch auf dem Tisch hat sie staubige Stapfen hinterlassen. Was für ein Durcheinander.

Die Krähe macht keine Anstalten, den Kronleuchter zu verlassen. Peter läuft ins Bad, um ein Handtuch zu holen, mit dem er sie aus dem Fenster scheuchen will. Kräftig mit dem Handtuch in der Luft herumwedelnd, kommt Peter zurück, doch er ist zu klein, um der Krähe damit Angst einzujagen, und so bleibt sie mit starren Augen hoch oben auf dem Leuchter sitzen, der schon bedenklich wackelt.

Peter ist ratlos und ärgert sich, dass er nicht schon größer ist. Dann kommt ihm aber eine Idee – er rennt in die Abstellkammer und kommt bewaffnet mit einem Schrubber zurück. Wild pikt er damit in die Luft – und tatsächlich: Die Krähe schwingt sich auf und flattert aufgescheucht durch das Wohnzimmer. Peter bleibt ihr dicht auf den Fersen und treibt sie angestrengt in Richtung der offenen Fenster.

Endlich – Peter hat es geschafft. Die Krähe ist verjagt und ins Freie geflüchtet. Lauthals hat sie sich auf dem Apfelbaum im Garten niedergelassen, wie Peter nun sieht. Jetzt will er doch auch einmal nach draußen gehen, um sich vom Schreck zu erholen. Zufrieden mit seinem Erfolg stiefelt Peter also hinaus. *Bums*, da fällt die Tür hinter ihm ins Schloss und Peter hat in der Eile vergessen, den Schlüssel mitzunehmen, weil er so in Gedanken war.

„Was ist das bloß für ein komischer Tag?", denkt Peter, aber dann fällt ihm ein, dass er ja die Fenster im Wohnzimmer offen gelassen hat.

Er schleicht erwartungsvoll ums Haus – dort sitzt die Krähe noch im Apfelbaum und krächzt Peter entgegen. Dem Jungen kommt es vor, als wenn sie über ihn lachen würde, lässt sich aber davon nicht beirren. Er steht vor den offenen Fenstern, die aber viel zu hoch sind, um sie so einfach erklimmen zu können.

Wieder ärgert sich Peter, dass er nicht schon größer ist. Immer ist er zu klein und auch die Kinder in der Schule, in die er gerade gekommen ist, hänseln ihn manchmal damit, dass er der Kleinste in der Klasse ist.

Niedergeschlagen steht er vor der unüberwindlichen Häuserwand. Doch so schnell gibt er nicht auf – soll die Krähe doch krächzen und die anderen ihn ärgern. Sein Plan steht. Siegesgewiss eilt er zum Schuppen, um die Leiter zu holen, die sein Vater immer beim Pflücken der Äpfel benutzt. Glücklicherweise ist der Schuppen nie abgeschlossen, auch wenn das manchmal seine Mutter bemängelt. Es ist gar nicht so einfach, die Leiter in all dem Gerümpel zu finden. Voller Elan wühlt sich Peter aber durch Rasenmäher, ein paar alte Autoreifen, die Heckenschere und noch so mancherlei Gartengerät, bis er fündig wird. Die Leiter steht natürlich in der hintersten Ecke, weil sie nicht so oft benutzt wird. Peter bricht der Schweiß aus, als er sie mit viel Mühe nach draußen zieht. Er muss sich mächtig anstrengen, die Leiter bis zu den Wohnzimmerfenstern zu schaffen.

Die Krähe sitzt immer noch im Baum und beobachtet neugierig Peters Aktivitäten, wobei sie ungeduldig von einem Bein auf das andere tritt. Peter lässt sich nicht ablenken. Mit Wucht hievt er die Leiter an die Wand und ist stolz auf sich, wie kräftig er schon ist. Bedächtig ruckelt er sie noch ein wenig hin und her, so wie es immer sein Vater macht, damit sie auch sicher steht. Behände erklimmt Peter die Sprossen. Wenn ihn jetzt sein Vater sehen könnte, würde er sich wundern.

Geschickt zieht sich Peter an der Fensterbank hoch und geschmeidig wie eine Katze krabbelt er zum Fenster hinein. Polternd fällt er auf den Wohnzimmerboden. Geschafft! Er kann es selbst kaum glauben.

Peter klopft sich die Hosenbeine ab und atmet erst einmal tief durch. Die Krähe ist weg – sie hat sich wohl empört, dass Peter alles so gut gemeistert hat.

Der Junge schließt die Fenster und blickt sich im Wohnzimmer um. Da wartet noch Arbeit auf ihn, denn die Unordnung der Krähe will er beseitigen, bevor seine Eltern nach Hause kommen. Er holt Kehrblech und Besen, fegt die Scherben der kaputten Vase weg. Dann holt er Mutters Staubsauger aus dem Spind und saugt in Windeseile die hinterlassenen Rußstapfen vom Teppich.

Zufrieden schaut er sich seine Arbeit an. Jetzt erinnert nichts mehr an den Krähenbesuch – nur der Kronleuchter hängt noch etwas schief von der Decke. Peter reckt sich voller Stolz und ist mit sich zufrieden.

Als an diesem Abend Peters Eltern nach Hause kommen, öffnet er ihnen mit durchgedrücktem Rücken und gestrecktem Hals die Tür.

„Mensch, Peter", sagt seine Mutter, als sie ihn sieht, „ich glaube, du bist wieder ein Stück gewachsen."

Und tatsächlich, als Peter sich vor das Maßband am Türrahmen seines Zimmers stellt, misst er ganze zwei Zentimeter mehr als am Vortag.

Zufrieden mit sich und der Welt schläft Peter an diesem Abend ein mit dem dumpfen Gefühl, dass seine Zinnsoldaten etwas kleiner geworden sind. Im Mondschein sieht er noch einsam die Leiter vor dem Haus stehen, bevor ihm endgültig die Augen zufallen.

Susanne Rzymbowski, geboren 1964 in Köln, Grundstudium in Theater-, Film-, Fernsehwissenschaften, Germanistik und Kunstgeschichte, im Büroalltag zu Hause, dennoch nicht die Lust am Schreiben und Staunen verloren. Sie nimmt an den unterschiedlichsten Ausschreibungen teil, um das eigene Schreibfieber auszuleben und neue Ideen zu entwickeln. Vor allem lyrische Texte liegen ihr am Herzen, sie schreibt aber auch gerne Kurzgeschichten und lässt sich hier von den unterschiedlichen Ausschreibungsthemen inspirieren.

Karin Piel

Wackelpeter

Wenn diese Hitze von über 36 Grad noch lange anhält, verlege ich meinen Schlafplatz in ein Zelt und suche dafür ein schattiges Plätzchen im Garten. Unsere Kinder wohnen im Sommer eh in ihrem Baumhaus, einer circa 100 Jahre alten Eiche.

Meinem Mann macht die Hitze nichts aus, im Gegenteil, ihm kann es nicht warm genug sein.

Aber an diesem Juniabend ist es besonders drückend, das Thermometer zeigt gegen 18 Uhr noch 32 Grad an. Der Wetterbericht kündigte zwar starke Gewitter an, das ist aber angesichts dieses klaren, wolkenlosen Himmels kaum vorstellbar.

Ich habe weder Lust, im Haus zu werkeln, noch auf der Terrasse zu verweilen. Die Kinder toben querbeet und planschen lauthals in unserem Pool. Mein Mann hockt ohne Sonnenschutz jeglicher Art und völlig versunken in seine Zeitung auf einem Klappstuhl und merkt nicht einmal, dass ich ihm ein Getränk hinstelle.

„Nee, liebe Renate", denke ich, das musst du dir nicht antun. „Schnapp deinen Hund und ab in den nahen Oetkerpark."

Ich lege einen Abwesenheitszettel hin, verlasse unbemerkt den Garten und ermuntere unseren Terrier, mich zu begleiten. Der döst zwar im kühlen Flur vor sich hin, aber er weiß genau, wenn Frauchen mit ihm Gassi geht, wird es kein Marathonlauf. Herrchen dagegen zieht schon länger mit ihm durch die Gegend und macht an jeder Frittenbude halt.

Im Park ist es angenehm kühl. Fritzchen – unsere Kinder tauften in dereinst so – trottet zufrieden neben mir her und begutachtet die Sträucher und Bäume, wo seine Artgenossen bereits angehalten haben.

Nach einer knappen Stunde mit einigen Päuschen wollen wir heim. Plötzlich zerrt Fritzchen an der Leine und schafft es mit einem mächtigen Ruck, sich loszureißen. Da wir ihn vor einem

Jahr aus dem Tierheim geholt haben und er auf Rufe selten reagiert, habe ich Mühe, ihm zu folgen.

Ich entdecke ihn dann an einem Baum, kläffend wie wild. Als ich die Stelle erreiche, sehe ich einen kleinen Hund, der völlig verdreckt und an einem Ast festgezurrt ist. Ich reagiere spontan und nehme das zitternde Tier auf den Arm. Dann geht's ab nach Hause.

Nach gründlicher Reinigung entpuppt der Hund sich als Mischlingswelpe, der mit Sicherheit ausgesetzt worden ist. Er erhält den Namen Wackelpeter wegen seines Fundorts, der ja im Oetkerpark liegt. Er ist nun das sechste Familienmitglied und wird von Fritzchen und unseren Kindern liebevoll bemuttert.

Am späten Abend gibt es tatsächlich noch ein Gewitter und die ersehnte Abkkühlung.

Karin Piel, geboren 1949 in Gütersloh. Gelernte Gärtnerin. Seit 1993 verheiratet, ohne Kinder. Zuerst wohnhaft in Hessen, dann in Niedersachsen. 2004 zog sie mit ihrem Mann wieder nach Gütersloh. Sie schreibt schon über 20 Jahre Kurzgeschichten, Gedichte und Sketche. Seit 2014 Redaktionsmitglied einer kleinen Seniorenzeitschrift in Bielefeld, worin ihre Geschichten veröffentlicht werden. Hobbys: Wandern, Chorarbeit, Häkeln, Lesungen und Ehrenämter im Seniorenkreis.

Ihre Ideen für ein Buchprojekt

Sie haben eine Idee für ein Buchprojekt? Oder schon lange ein Manuskript in der Schublade liegen, das nun das Licht der Welt erblicken möchte? Dann schreiben Sie uns unter info@papierfresserchen.de. Unsere Verlagsgruppe freut sich auf Ihre Anfragen!

Wir sind 2018 im zwölften Jahr im Bereich der Förderung und der Zusammenarbeit mit jungen Autorinnen und Autoren tätig. Haben inzwischen mehr als 1000 Bücher herausgegeben, rund 850 können Sie heute noch über den Buchhandel beziehen. Hinzu kamen unzählige Projekte, die wir in Zusammenarbeit mit Schulklassen oder Schulen umgesetzt haben. Zu Jubiläen, zur Erinnerung an den Schulabschluss oder um einem besonderen Thema, das im Unterricht behandelt wurde, einen außergewöhnlichen Rahmen zu geben. Gerne können auch in Zukunft solche Ideen an uns herangetragen werden.

Ein ganz besonderes Buch möchten wir in diesem Zusammenhang übrigens nicht unerwähnt lassen. Das Buch *Merves Weg*, geschrieben und herausgegeben vom *Ethik-Kurs E-Phase der MPS Rüsselsheim*. Dieses Buch geht unter die Haut – Informationen zu diesem Buch und anderen Schulprojekten gibt es ebenfalls auf unserer Internetseite.

Städte und Gemeinden haben Buchprojekte zu besonderen Anlässen an uns herangetragen, aber auch Firmen – so veröffentlichen wir seit Jahren auch im Bereich Corporated Media Bücher, die genau auf ein Unternehmen zugeschnitten sind. Beispielhaft sei hier das Buch *Die Abenteuer von Hugo und Raphael* genannt, das der bekannte Schweizer Comedian Peter Löhmann mit uns umgesetzt hat. Und der *Verein für praktizierte Individualpsychologie e.V.* hat vor einigen Jahren das Buch *Familienrat nach Dreikurs* sehr erfolgreich mit uns veröffentlicht.

Gerne stehen wir auch Ihnen bei einer Veröffentlichung hilfreich zur Seite oder setzen mit Ihrer Schreibgruppe ein Projekt um. Schreiben Sie uns oder rufen Sie uns an – wir sind gespannt auf Ihre Anfragen.

Inhalt

Unser Buchtipp

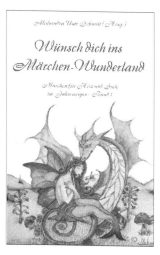

M. Schmitt (Hrsg)
Wünsch dich ins
Märchen-Wunderland Band 1
ISBN: 978-3-86196-617-3
Hardcover, 306 Seiten
farbig illustriert

Es war einmal ein kleines Königreich, das war so winzig klein, dass
man sich heute kaum noch daran
erinnern kann. Es war auf keiner
Landkarte zu finden und nur wenige
Menschen hörten überhaupt davon.
Manchmal aber, wenn jemand sich
etwas ganz Besonderes wünschte,
dann wurde ihm die Geschichte vom verzauberten Bach erzählt
– und so habe auch ich eines Tages von dem kleinen Königreich
erfahren ...

Ein Jahr lang haben Papierfresserchens MTM-Verlag und der
Herzsprung-Verlag Märchen im Jahresreigen zu den Bildern von
Mahandra Uwe Schmitt gesammelt – die schönsten Märchen
finden Sie in dieser Anthologie veröffentlicht. Lassen Sie sich von
Elfen und Feen, von Himmelsboten und Meereswesen entführen
in eine Welt, in der Herz und Seele zueinanderfinden ...

Unser Buchtipp

Martina Meier
Mein Trauerbuch
ISBN: 978-3-86196-715-6
Hardcover, 60 Seiten

Der Tod eines geliebten Menschen ist ein tiefer Einschnitt in das eigene Leben. Überwältigende Emotionen stürzen auf den Hinterbliebenen ein, der sich mit dem Verlust und der Trauer auseinandersetzen muss. Während Hinterbliebene kurz nach dem Verlust alle Hände voll zu tun haben, um eine würdige Trauerfeier zu organisieren und den Alltag zu meistern, bleibt nach der Bestattung oft eine tiefe Leere und Einsamkeit.

Jetzt ist die aktive Auseinandersetzung mit dem Tod gefragt. Man will möglichst viele schöne Erinnerungen festhalten und sie mit der Familie, Verwandten und Freunden teilen. Oft steht auch die unausgesprochene Angst im Raum, sich an vieles vielleicht irgendwann nicht mehr zu erinnern. „Mein Trauerbuch" setzt genau an dieser Stelle an.

Halten Sie Ihre Erinnerungen an den lieben Verstorbenen in Wort und Bild fest, halten Sie inne und lassen sich trösten von einfühlsamen Gedichten und kurzen Erzählungen, die wir für Sie zusammengetragen haben.

Printed in Poland
by Amazon Fulfillment
Poland Sp. z o.o., Wrocław

24349041R00090